皇朝落日

林　京◎著

人民文学出版社

图书在版编目 (CIP) 数据

皇朝落日／林京著．—北京：人民文学出版社，2015
ISBN 978-7-02-010842-8

Ⅰ．①皇… Ⅱ．①林… Ⅲ．①中国历史—清后期—史料—图集
Ⅳ．① K252.06-64

中国版本图书馆 CIP 数据核字（2015）第 060334 号

策　　划　赵　萍　王一珂
责任编辑　王一珂　赵　萍
装帧设计　刘　静
责任校对　李　雪
责任印制　苏文强

出版发行　人民文学出版社
社　　址　北京市朝内大街 166 号
邮政编码　100705
网　　址　http://www. rw-cn. com

印　　刷　北京千鹤印刷有限公司
经　　销　全国新华书店等

字　　数　54 千字
开　　本　720 毫米 ×1020 毫米　1/16
印　　张　25.75　插页 15
印　　数　3001—6000
版　　次　2013 年 11 月北京第 1 版
印　　次　2016 年 3 月第 2 次印刷

书　　号　978-7-02-010842-8
定　　价　86.00 元

皇朝落日

盧中南題

慈禧太后着色照

慈禧太后着色照

慈禧太后着色照

慈禧太后着色照

慈禧太后着色照

醇亲王奕譞侧福晋刘佳氏（右）着色坐像

醇亲王奕譞侧福晋刘佳氏着色立像

载沣生母刘佳氏（右）、庶母李佳氏（左）着色合影

载沣生母刘佳氏（中）、庶母李佳氏（右）等三人着色合影

李鸿章着色坐像

溥仪“分身”着色像

溥仪妻婉容着色像

溥仪妾文秀着色像

沙皇尼古拉二世赠与慈禧太后的全家着色照

从北海望紫禁城

目录

引子：

圓明湖上留殘照

圆明园的美丽早已被侵略者从地球上抹去。通过十九世纪末二十世纪初留下的影像，我们还能依稀感受到残垣断壁中透出的幽怨与凄凉。

大清帝国将中国封建专制制度发展到了极致，康、雍、乾三朝更是创造了中国历史上封建社会的夕日辉煌，盛世过后，便逐渐归于平庸和衰败。

清王朝到了咸丰时期，已是外敌入侵、江山残破、财政困窘、捉襟见肘的残破局面。资质愚钝的文宗皇帝施政乏策，调遣无方，以致南方太平天国定都天京（南京），北伐西征，长江中下游不再为清王朝所控。在西方侵略势力的支持下，太平天国终被镇压。

面对兵荒马乱、风雨飘摇的时局，清政府采取了一系列补救措施。举办团练这样的救时决策，反映出衰落王朝军事力量的空虚。到了走投无路的地步，只有发动地方自救。然而，头痛医头、脚痛医脚，并不能触及社会的病根，更无法挽救皇朝迅速衰败的命运。

咸丰六年（一八五六年）十月，英、法列强对中国发动了第二次鸦片战争。咸丰十年（一八六〇年）九月，英法联军进逼北京，咸丰帝奕詝惊慌失措，传旨六弟恭亲王奕䜣为全权钦差大臣，留守北京，自己则带着皇后、妃嫔以及亲信大臣逃往承德避暑山庄。

数天后，侵略者攻取通州，绕过北京城，直捣举世闻名的“万园之园”——

圆明园！他们将园内珍宝劫掠一空，纵火焚烧了包括三山五园在内的海淀御苑。积大清帝国百余年心力造就的皇家园林被毁之一炬。

圆明园是圆明、长春和绮春（后改“万春”）三园的总称，为明代的故园，明清易代之际逐渐荒废，清初归于皇室。康熙四十八年（一七〇九年），康熙帝将其赐与皇四子胤禛作为府邸。

康、雍、乾三朝是清代的鼎盛时期，统治者们为了享乐游玩，便在这里挖湖堆山、缩天移地、大兴土木，将其建成了一座最大的御苑离宫。每年皇帝都要在园中寝居半年之久，政务也在这里处理。雍正初年设议政处，后又于园中“正大光明”殿门东侧设军机处。乾隆年间，圆明园已成了上朝听政的重要场所。园内空间深阔，有四十余处仿中外名园的胜景，建筑物多达一百四十五组。这一庞大的建筑群中包括：用于宴会的九州清晏，仿江南园林景色的平湖秋月、武陵春色，诗情画意的夹镜鸣琴、洞天深处，拟神话传说的蓬岛瑶台、方壶胜境等。长春园中还有占地百余亩，乾隆十六年至四十八年（一七五一～一七八三年）落成的谐奇趣、海晏堂、大水法、远瀛观、养雀笼、方外观等仿欧洲文艺复兴后期的园林化宫苑。纵观全园景观，瑶台宫阙，蓬岛仙境；堂轩错落，回廊环绕；幽亭曲榭，奇石点缀；中西合璧，别致壮丽；金碧错彩，气势宏大；精美绝伦，宛如天成。

由此，它被誉为“万园之园”，成就了中国古代造园艺术的巅峰之作。

自康熙至咸丰，圆明园的营建时间长达一百五十余年，占地五千多亩，耗银约二亿两——这个数字，并不包括园中各处陈放的那些无价珍宝、传世字画、珍贵古物、罕见典籍……当年一位随同英法联军闯入圆明园的英国牧师曾动情地写道："假若你能幻想神仙也和常人一般大小，此处就算作仙宫乐园了。我从未看见一个景色，合于理想的仙境，今日方算开阔眼界。"

咸丰十年（一八六〇年）十月六日，英法联军闯入圆明三园，十八、十九日纵火将其焚烧。

瑞尼在《英国军队在中国北方和日本》一书中记载："法军来到圆明园的第一天，一切都平稳无事。军士们仅仅拿走了一些小物品作为纪念品。第二天情形就大不相同了。他们不再能抵抗物品的诱惑，军官和士兵们都成群结伙冲上去抢劫，毫无纪律。"

英国书记官斯文候描述的场面更加令人触目惊心："十月十七日，联军司令部正式下令可以自由劫掠，于是英法军官与士兵疯狂抢夺，每个人都是腰囊累累，满载而归。这时全园秩序最乱。法国兵营驻扎园前，他们手持木棒，最珍贵可携者则攫而争夺，遇珍贵不可携者如铜器、瓷器、楠木等物，则以棒击毁，必至粉碎而后快。"

被劫走的珍贵文物，包括乾隆末年画家伊兰泰等人所绘的《西洋楼二十景》铜版画，现存巴黎图书馆的《圆明园四十景图》，以及大量的商周青铜器、明清官窑瓷器、象牙、玉器、丝绣、盔甲等。拿破仑三世于一八六三年在巴黎枫丹白露宫特地建立了专门的展室，以陈列这些珍宝。

经过疯狂的抢夺和破坏，圆明园遭受的损失已无法估量。但侵略者仍旧意犹未尽，觉得仅此还不足以震慑清朝的统治者。身处无法带走的举世罕见的华丽园林，强烈的不平衡的心理也驱使他们放纵自己的兽性。他们最终决定——彻底摧毁圆明园！

十月十八日清晨，米启尔骑兵团三千余人开往圆明园纵火。

焚园之令下达，只见重重浓烟由宫殿中蜿蜒曲折升腾而起。顷刻之间，烟火掩蔽天日，收藏着历代文物珍宝的殿堂、恍若仙境的园林被付之一炬。空前的劫难使得这座倾国之力，经营长达一百五十余年的宏大东方建筑群化为灰烬。

同治年间曾经竭尽全力花费一年时间对废园进行重修，然而回光返照之举，终归半途而废。

第二次鸦片战争持续四年之久，使得中华民族饱受屈辱。面对入侵者，统治阶层指挥失度，一次次战事失利，最终导致咸丰帝逃亡热河、清政府屈辱投降的局面。被迫与敌签署的不平等卖国条约，使中国陷入了半殖民地的深渊。

统治集团随之内部分化，咸丰帝驾崩之后发生了以肃顺为首的“赞襄政务”大臣与慈禧、奕䜣集团之间的殊死争斗。“辛酉政变”以肃顺集团的彻底瓦解收尾。

自此，太后“垂帘”，恭亲王“议政”的新局面正式开启，慈禧太后逐渐掌控清朝的实际统治大权。她的执政，对后来中国历史的发展产生了极其深远的影响。

光绪二十六年（一九〇〇年）七月中旬，英、俄、德、法、美、日、意、奥等国组成侵华联军，发动了旨在镇压义和团、进一步瓜分中国的战争。八国联军五千多人进攻天津城，天津很快失陷。消息传到北京，慈禧太后惊惶失措，急忙派人向各国求和，而侵略者则不予理睬，继续扩大战争。

八月初，八国联军两万多人攻破大沽口，从天津沿运河两岸向北京进犯，路上烧杀淫掠，许多村庄变成废墟。中旬，联军攻陷北京。慈禧太后带领光绪帝仓皇逃跑。在逃亡途中，太后命令清军绞杀义和团，同时请求联军"助剿"。对义和团，侵略者进行了血腥的镇压。无论何时何地，不管是真是假，只要稍有可疑的人，便被指为义和团团民，遭到斩首、枪决，几日内殉难者即达数千人之多。义和团运动很快被中外势力绞杀。

八国联军侵占北京之后，继续打家劫舍，杀人放火，奸淫妇女，无恶不作。入城时联军纵火炮轰，致使许多官邸、府院、城垣、宫苑遭到严重毁坏，入城后又特许公开抢劫三天，京城的文物古迹和大批国宝奇珍遭到摧毁或洗劫。各国传教士和驻华外交官也参与其中。英军拍卖抢来的物品，按官阶高低分赃。日军从户部抢走三百万两库存白银，放火焚烧衙署以掩盖其罪行。俄军则将搬不动和运不走的东西通通砸碎。

西苑仪鸾殿是慈禧的寝宫，联军统帅瓦德西把这里当作司令部，侵略者对殿内珍宝进行抢劫后，又一把大火将大殿焚毁。

进入紫禁城后，联军举行盛大的庆祝活动，甚至坐在皇帝宝座上拍照，为所欲为，极尽羞辱中国之能事。

敌人侵入京都之时，城内秩序大乱，八旗兵非但不能抵抗，反而勾结地痞流氓在各处抢劫。城外的驻军与恶霸更是活跃，他们乘机对圆明园洗劫，将殿宇亭榭及宫门和铜饰等一齐拆下出卖。经过这番摧残，园中仅存的少数石质建筑也残缺不全。

曾经美丽的圆明园更加不堪，无限凄凉！

光绪二十七年（一九〇一年），清王朝被迫同英、俄、德、法、美、日、意、奥、荷、比、西十一国签订了丧权辱国的《辛丑条约》。从此，中国完全陷入半殖民地半封建社会的深渊。

也正是在十九世纪的中叶，西方摄影技术传入了中国。一张张珍贵的发黄照片，记录了一个皇朝投射在历史长河中最后的倒影。

长春园谐奇趣远景 一八七三年摄

长春园谐奇趣东侧八角亭　一八七三年摄

↑ 长春园谐奇趣北面 一八七三年摄

↓ 长春园谐奇趣北面原貌（铜版画）

长春园海晏堂一角 一八七三年摄

↑ 长春园海晏堂西面 一八七三年摄

↓ 长春园海晏堂西面原貌（铜版画）

长春园大水法 一八七三年摄

长春园观水法 一八七三年摄

↑ 长春园观水法 一九二二年摄

↓ 长春园观水法正面原貌（铜版画）

长春园远瀛观 一八七三年摄

长春园方外观 一八七三年摄

↑ 长春园养雀笼 一九二二年摄

↓ 长春园养雀笼东面原貌（铜版画）

↑ 长春园蓄水楼 一九二二年摄

↓ 长春园蓄水楼东面原貌（铜版画）

绮春园仙人承露台 一九二二年摄

英法联军攻进大沽口 一八六〇年摄

英法联军攻进大沽口时，被残杀的清军守城将士 一八六〇年摄

↑ 大沽口被英法联军攻陷后，清军的伤亡惨状 一八六〇年摄

↓ 战事结束后，英军龙骑兵在大沽口留影 一八六〇年摄

↑ 英法联军攻入大沽南岸炮台 一八六〇年摄

↓ 安定门外日军分列式 一九〇〇年摄

↑ 英法联军洗劫清漪园，摧毁了万寿山上的佛香阁 一八六〇年摄

↓ 被八国联军击伤的朝阳门 一九〇〇年摄

↑ 被八国联军击伤的永定门 一九〇〇年摄

↓ 被八国联军击毁的正阳门 一九〇〇年摄

↑ 八国联军攻陷北京后纵火

← 八国联军攻陷北京后城区沦为焦土

↓ 八国联军攻陷北京后宣武门南堂沦为一片废墟

↑ 八国联军进入大清门

→ 八国联军入城式

↓ 八国联军在大清门前

↑ 联军士兵在北京城墙上

↓ 联军士兵在北京城墙上

↑ 联军在午门前

↓ 外国公使和夫人

在紫禁城午门前

↑ 紫禁城外美国大使馆前驻扎的士兵

← 神武门外联军分列式

↓ 设在景山的俄军兵营

↑ 紫禁城内的法军将校及随侍

↓ 紫禁城内的日美将校

联军将领在乾清宫坐上宝座，对留守太监颐指气使

↑ 中南海内的联军军官

→ 联军军官在先农坛

↓ 联军军官在日本驻华使馆

↑ 紫禁城内行进的美国军队 一九〇〇年摄

↓ 紫禁城内的美国士兵 一九〇〇年摄

↑ 义和团团民

↓ 联军监杀义和团团民

义和团团民被押往菜市口刑场斩杀

↑ 英军监杀义和团团民

↓ 日军与清朝巡捕在安定门外斩杀义和团团民

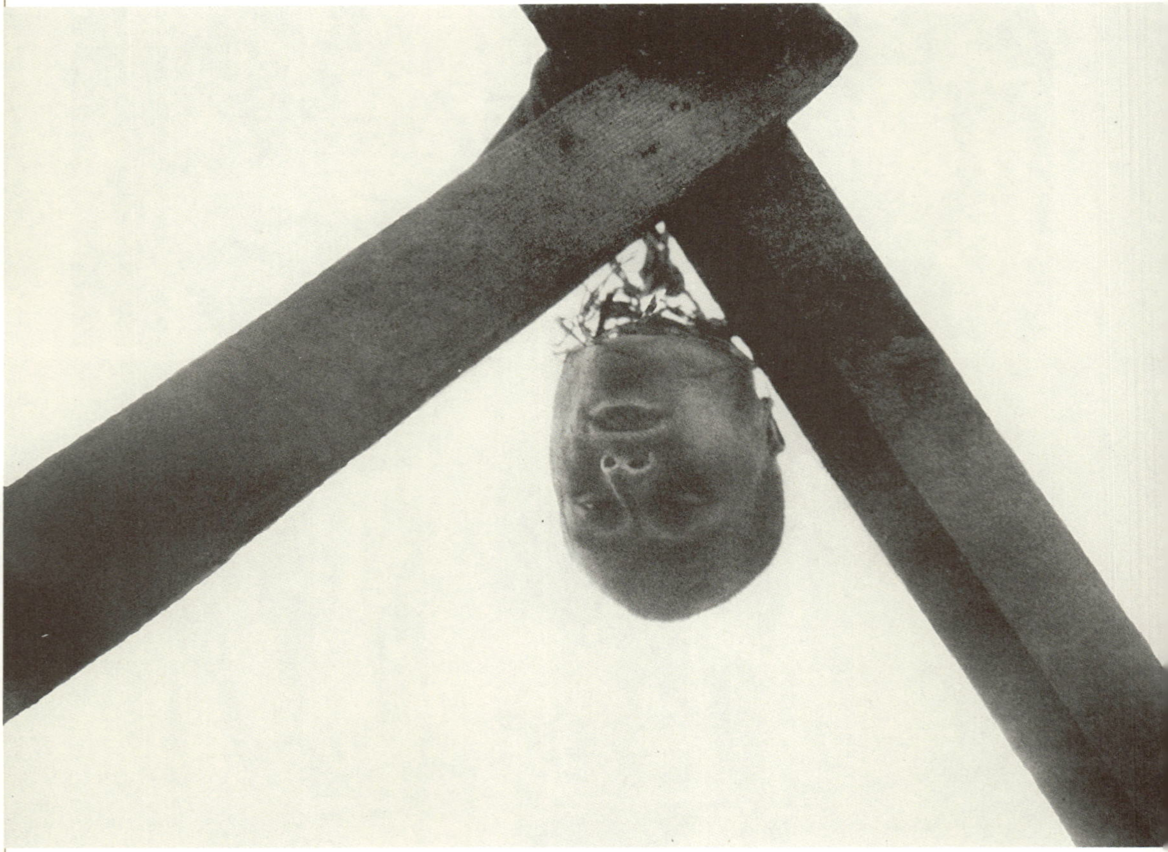

被斩杀的义和团团民头颅

东单大街（远处为德国公使克林德石牌坊）

↑ 一九〇二年，《辛丑条约》签订，慈禧携光绪回銮

↓ 一九〇二年，两宫回銮通过前门大街

此地空余紫禁城

紫禁城是伟大而神秘的。外国侵略者不请自来，拍下了它的容貌；他们的摄影作品为后世留下了珍贵的史料，同时，也见证了中华民族一段屈辱的历史。

人们常常用“东方古都”形容北京，而整个北京城的建筑布局则以紫禁城为中心。古代神话传说“天帝居于紫微垣”，人间帝王自诩为天帝之子，故古人亦将帝王的寝居称作紫微宫。由于皇宫系平民百姓严禁涉足之地，因此又称紫禁城。随着岁月的流逝，昔日皇城的辉煌已渐渐不复为人所知；然而清代末年所留下的影像资料，则向后人展示了百年前紫禁城的真实风貌。其悠久深远的文化底蕴、瑰丽精美的古代建筑群、丰富珍贵的宫中宝藏，以及几代为都的浑然大气，吸引和倾倒了世人……

紫禁城是明、清两代的皇宫，始建于明永乐四年（一四〇六年），建成于永乐十八年（一四二〇年），至今已有六百多年的历史。从永乐皇帝于北京紫禁城奉天殿（清代改名太和殿）受贺迁都定鼎，先后曾有二十四位皇帝在这座金碧辉煌、气魄雄浑的宫阙中执政、居住。其间曾出现过在中国历史上占有重要一页的康乾盛世。

世界上现今还留存着不少古代宫殿，但北京故宫却是其中规模最大的一座。它占地七十二万平方米，近百个院落，建筑总面积十六万平方米，拥有各种形式的宫殿、楼阁、斋堂、轩亭等九千九百九十九间半，且集中国古典建筑风格和东方格调于一身，是现存最大的古代宫殿群。

光绪二十六年（一九〇〇年），八国联军攻入北京。西太后与光绪帝仓皇西逃期间，宫中一片混乱，更无人按常规清扫管理，有些宫殿院落甚至草深过膝。就在北京城被侵略者占领的苍凉之际，日本东京帝国大学工学博士伊东中太、大学院工学士土屋纯一、助手奥山恒五郎及皇家摄影师小川一真赶赴北京考察，来到空空荡荡的紫禁城，拍摄了一组皇家宫殿建筑的照片，堪称首次真实地记录了皇城原貌。

象征国家权力的宫殿，竟被侵略者占领，随意出入；这部分影像，记录了中华民族一段沉重的耻辱历史！

然而，从客观角度讲，小川一真等人的工作成果实属一份难得的形象资料。这些皇宫建筑的旧照现在看来皆具极高的学术及历史研究价值。

鉴于小川的特殊贡献，意大利、瑞典等国先后授予他勋章，以示奖励。而小川来京之行是受日本东京帝室博物馆之托和资助，所以这组照片的底片归东京帝室博物馆保存，他们以此为基础，编纂了一册名为《清国北京皇城写真帖》的图录，从而将中国神秘的紫禁城九重宫殿呈现给了世人。它是研究中国历史文化、宫殿建筑、园囿艺术、美术装饰、文物考古诸方面的珍贵历史资料，同时颇具艺术价值；有些当年照片上的景致已成绝迹，其历史文化价值则更高。作为系统反映清末紫禁城全貌的老照片，其学术性、艺术性、系统性是首屈一指的。

直到辛亥革命后溥仪退位留居紫禁城期间才另有一部《中国北京皇城写真

全图》问世，从不易见的角度清晰地记录了紫禁城建筑的影像，在有关宫殿历史的记载中占有相当地位。据当时的摄影师喜仁龙所称 ："我得有特殊的便利条件，对紫禁城的各宫殿进行考察和摄影。并得到紫禁城归国家所有的那一部分的内务部正式批准，同时得到共和国总统的特别代表协助，在前皇帝亲自指导下，得到参观紫禁城的良机，因而拍到大量照片资料，其中一些是以前没有见过的建筑物影像。"喜仁龙所拍的皇宫照片，不仅真实地记录了历史，而且内行地、恰到好处地定格了紫禁城的原貌，对研究明清两代皇宫建筑及宫藏文物的修复极具参考价值，其历史意义是不言而喻的。

清末和民国初年所拍摄的京师城池、宫阙、都苑之照与后来所拍的照片不同，不仅时代意义和文献价值有异，且其中诸多景物现已不存或久已不存。

譬如皇城建筑最前边的一道门，明代称大明门，清代保持原貌，只将门额改为大清门。民国建立后，改为中华门。而旧照片中仍为清代原貌，门前是棋盘街，门额是满汉文并列的"大清门"。天安门前两旁原有长安左、右门，早在五十多年前被拆除。

宫中最大的太和殿内原挂有乾隆皇帝御题的"建极绥猷"匾额，后柱上有一对楹联 ；袁世凯在洪宪帝制的丑剧中，命人把紫禁城前三殿所有宫殿和宫门上的匾额撤除，凿掉满文，重新镶上单一的汉文悬挂。更恶劣的是，他将清代皇帝上朝用的大宝座换成了为"中华帝国"皇帝特制的一把不中不西的高背龙椅。数十年后，故宫人根据当年的旧照片才得以恢复清代太和殿的原状陈设和金銮宝座。其他各处的室内原状陈设则已不存，仅在老照片中保留下来。

中和殿正中原为交椅，左右设烛台，是较为特殊的陈设格局。至于皇宫的古建筑群，近六百年来大体保持着明朝初建时的格局，然局部的宫殿仍有变化。这些变化有的载于宫中档案，有的则不见于档案或其他文献，但于老照片中仍得窥端倪。建福宫花园的延春阁、御花园内树立的竹篱墙、神武门外的北上门和百间朝房、大高玄殿琉璃门前类似现在角楼的两座习礼亭和牌楼、护城河上的木桥……如今均早已不存。钦安殿院落中天一门东南原有一座单檐木结构的流杯亭，现仅存石铺底座和石栏杆，如无旧照片为参证，便很难了解这一石座以前究作何用。现虽然存在的景物，如石雕的花纹，在历经数百年风吹雨淋日照之后，如今早已看不到那清晰的纹路。而清末的这批建筑旧照却定格了上述种种，由此可知这类旧照掠影不可估量的珍贵价值。

置身景山的万春亭举目俯瞰，那一片琼楼玉宇的皇宫是这般浩瀚宏敞。众多古建筑仿佛浑然一体，似一个巨大的棋盘错落有致。九重宫阙对称，和谐、严谨、完美，红墙黄瓦熠熠生辉。宫殿建筑之间分布着苍松翠柏、花辅山石及广场院落。其格局是按周礼“前朝后寝”的宫室制度构思而建。

以乾清门前的横街为界，横街以南是太和、中和、保和三大殿，为外朝，其气势非凡、雄浑壮观、巍然屹立、引人遐想。横街以北即帝后寝居的地方，为内廷。这里的宫殿、御园、楼台、斋榭、亭阁栉比相连，布局紧凑。每座庭院有墙庑环绕，又以高大的宫墙围成更森严的内部禁区。其以乾清宫、交泰殿和坤宁宫为主，两翼为东西六宫等，犹如琼宫仙阙。精湛别致的角楼雄峙紫禁城四角，使秀丽的景色与宏伟的气势巧妙地结合起来。护城河似绸带围绕，波光潋滟，映现着城墙的倒影。

紫禁城犹如一位历史的巨人，记载着中国的智慧和力量、欢乐与忧患、骄傲与耻辱、衰落与新生。

↑ 天安门 一九〇〇年摄

↓ 天安门前华表 一九〇〇年摄

大清门

紫禁城西南角楼旧照上可以看到护城河上的栈桥，现已无存 一九二二年摄

↑ 紫禁城端门

↓ 紫禁城端门前华表

紫禁城东北角楼及护城河

↑ 紫禁城午门

↓ 紫禁城午门内金水河

由景山望紫禁城 一九一九年摄

↑ 紫禁城太和门

↓ 紫禁城太和门近影

↑ 紫禁城太和门彩绘

↓ 紫禁城太和门铜狮

紫禁城太和殿御路 一九〇〇年摄

紫禁城太和殿宝座 一九〇〇年摄

紫禁城中和殿宝座 一九〇〇年摄

紫禁城太和门

↑ 紫禁城保和殿 一九〇〇年摄

↓ 紫禁城保和殿近影 一九〇〇年摄

↑ 紫禁城保和殿宝座 一九〇〇年摄

↓ 紫禁城保和殿北面 一九〇〇年摄

紫禁城保和殿北面云龙石雕 一九〇〇年摄

紫禁城文渊阁 一九〇〇年摄

紫禁城乾清门 一九〇〇年摄

紫禁城乾清门 一九〇〇年摄

紫禁城乾清门鎏金铜狮 一九〇〇年摄

↑ 紫禁城乾清宫 一九〇〇年摄

↓ 紫禁城乾清宫宝座 一九〇〇年摄

紫禁城乾清宫内云龙大柜 一九〇〇年摄

紫禁城乾清宫内云龙大镜 一九〇〇年摄

紫禁城交泰殿内景 一九〇〇年摄

紫禁城翊坤宫内景 一九〇〇年摄

↑ 紫禁城养心殿宝座

一九〇〇年摄

↓ 紫禁城养心殿随安室

一九〇〇年摄

紫禁城储秀宫内景 一九〇〇年摄

紫禁城皇极殿 一九〇〇年摄

紫禁城雨花阁 一九〇〇年摄

↑ 紫禁城养性门 一九〇〇年摄

↓ 紫禁城坤宁宫 一九〇〇年摄

西人格物有奇術

鸦片战争之后，摄影术传入东土。清室王公大臣对其由最初的惊异逐渐转为赞美，他们也由此成为这个古老国度中最早接受这一先进科技成果的『先行者』。

在摄影术发明以前，人类为保留有意义的人和事物以及重大事件的记忆，不得不借助画师的仔细观察和手中的笔来描述其形象；然而，即使是最擅长观察和最逼真的画作，也难以完全记录下发生的过往。

十九世纪初照相术发明后，迅速在西方流行开来。当时欧美国家的摄影技术已臻成熟。鸦片战争之后，一些外国摄影师及爱好者先后把此术悄悄带进了中国。

对这一新奇事物，清室王公大臣由最初的惊异逐渐转为赞美。兵部侍郎崇厚在《脱影奇观》序中称之为："开数千年不传之秘……" 刑部尚书崇实也赋诗称绝：

光学须从化学详，西人格物有奇方。

但持一柄通明镜，大地山河无遁藏！

咸丰、同治年间（一八五一～一八七四年），清宫中学会照相和留过影的人寥寥无几。人们熟悉、向往的依然是传统的肖像画。当时清统治阶层一度把它视为异端邪术，排斥于紫禁城外。他们认为，用镜箱对着皇帝、后妃取影，乃是冒犯龙颜、有失体统的逆举，会"被摄走了'魂'"。这种观念一直延续至二十世纪初。

十九世纪的北京驻有不少欧洲外交官。他们在和清廷上层人物即王公贵族、朝中大臣等来往过程中传布和交流摄影术。虽然宫内一直未流行照相，但王爷们却早已冲破了这种愚昧意识，悄悄地爱上了这种“奇技淫巧”。照片“神情酷肖，便捷真切，更足取信”的绝对优势被当朝王公大臣们逐渐认同，他们纷纷跟风，争先效尤。

如此，中国的摄影首先出现在朝廷大员和皇亲国戚的家中，并逐渐推广代替了传统肖像画。醇亲王奕譞（一八四〇～一八九一年）即是其中最为著名的一位。

奕譞是道光皇帝的第七个儿子、咸丰皇帝和恭亲王奕䜣的异母弟，其大福晋为慈禧胞妹，二子即后来的光绪帝载湉，五子即后来的摄政王载沣，其孙溥仪则是清朝的末代皇帝。奕譞在咸丰时期被封为醇郡王，同治即位后，出任都统、御前大臣、领侍卫内大臣，兼管神机营事务，同治十一年（一八七二年），晋封为醇亲王；光绪十六年（一八九一年）逝世，享年五十。光绪帝谥曰“贤”，后人称之为醇贤亲王。

光绪年间新设立海军事务衙门，奕譞出任总理大臣；由于负责洋务活动，与洋人过往较多，他接触到了照片这一神奇之物，并开始迷恋上摄影这一西洋时尚。醇王府所雇的专职摄影师广东人梁时泰经常跟随在醇王左右，随时为奕譞摄影留念。因此，奕譞身后留下了不少传神的老照片。

末帝溥仪在宫内居住时，从醇王府将其祖父、父亲等许多照片，作为家珍移进宫内保存起来。其中有一帧奕譞等三人像，其上裱有奕譞亲笔题照的七律一首：

波面残阳耀碎金，炎光消尽觉凉侵。

莫言倥偬三军事，也得逍遥一律吟。

碧草马嘶欣脱辔，青溪人坐乍开襟。

云容乣缦随风布，念切油然早作霖。

下书：“晚操后步至长河作”，“醇郡王自题”。再下盖有方印章二枚：“醇郡王”和“九思堂印”。

该诗收录于《九思堂诗稿》卷四癸亥年（同治二年），由此可断定此照拍摄于一八六三年。

摄影术诞生于鸦片战争爆发前夕的一八三九年，距今已有一百七十余年的历史，奕譞的这张影像是在照相术发明二十四年后拍下的。由此可见，中国人接受西方文明的速度并不滞后，其他接受拍照的群体或个人肯定还要更早。其时尚为醇郡王的奕譞，在朝廷担任都统、御前大臣、领侍卫内大臣，管理神机营。照片拍摄于奕譞管理神机营时的北京南苑军营，他时年二十三岁，这是迄今保存的奕譞年轻时代唯一的一张影像。照片上的他身挂大腰刀，神采奕奕、风度翩翩，是典型的清代武官派头，其左右是两个贴身侍卫，分别肩扛火铳，手握长枪铁矛。这些细节，真实地反映了十九世纪六十年代清朝禁卫军的风貌。它也是宫廷藏照中保存至今最早的一幅，为研究我国军事史、摄影史提供了可靠形象的资料，弥足珍贵。

另一位迷恋摄影的王爷要算奕劻（一八三八～一九一七年）。他是乾隆皇帝第十七子永璘的孙子，贝子绵悌的嗣子。道光年间袭封辅国将军，同治年间加封郡王，授御前大臣。光绪末年任总理各国事务衙门大臣，晋封亲王。八国联军入侵北京，他被授以全权议和大臣，会同李鸿章与各国议和，签订了丧权辱国的《辛丑条约》。宣统年间，他曾任内阁总理大臣。由于长期负责与西洋交涉事务，奕劻也情不自禁地迷上了照相。

除他们两位外，早在同治七年（一八六八年）办理洋务的道光皇帝第六子恭亲王奕䜣就曾请英国的约翰·汤姆森为自己拍摄过照片。比之更早的是，咸丰十年（一八六〇年）在第二次鸦片战争中，奕䜣授命为全权钦差大臣，负责与英、法、俄谈判，并且签订了《北京条约》。在签字当天，意大利人比托即为奕䜣拍摄了照片。

咸丰帝过世，奕䜣与慈禧太后合谋发动辛酉政变，成功夺取了政权，被授予议政王之衔，任领班军机大臣与领班总理衙门大臣。期间虽在同治四年（一八六五年）遭慈禧太后猜忌被革除议政王头衔，但依旧身处权力中心。光绪十年（一八八四年），他终因中法战争失利等各种复杂因素被罢黜，直到光绪二十年（一八九四年）以善后中日甲午战争失败，才又再度被起用，官复原职。从老照片中，我们可以看到他由青年到老年的形象。

光绪十一年（一八八六年），醇亲王奕譞受命总理海军事务，于是年四月赴天津巡阅海防。巡阅期间，奕譞让摄影师为其拍了一批照片，并亲自进呈光绪皇帝御览。自此，照片便首次流入宫中。

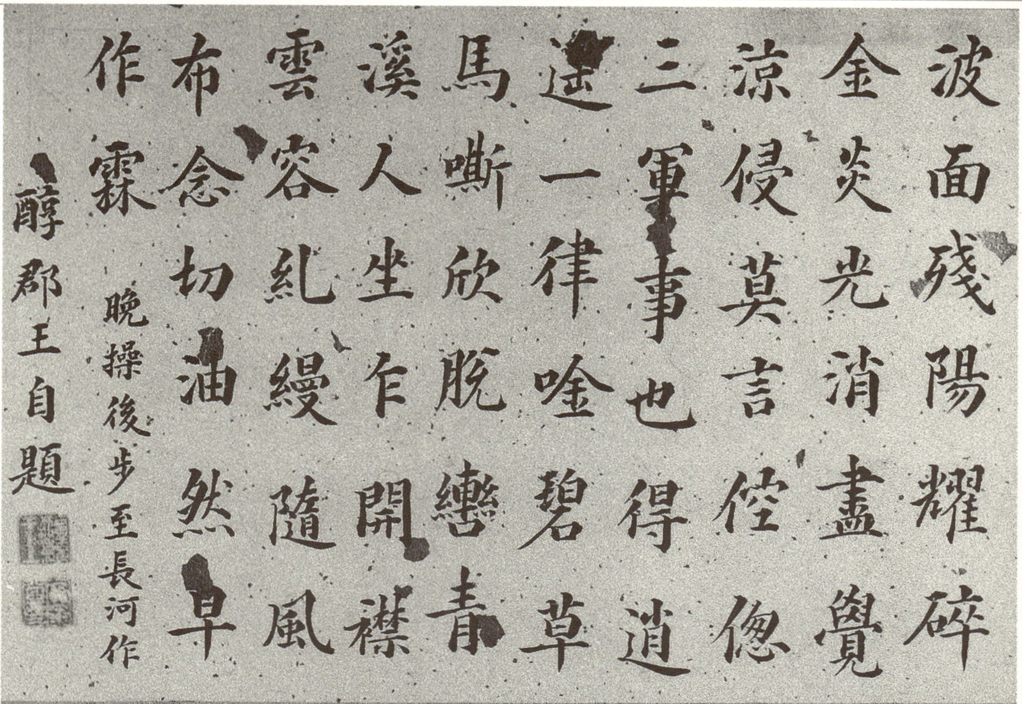

波面殘陽耀碎金熒光消盡覺涼侵莫言倥偬三軍事也得逍遥一律唫碧草馬嘶欣脱轡青溪人坐乍開襟雲容紀縵隨風布念切油然旱作霖

晚操後步至長河作

醇郡王自題

同治二年（一八六三年），奕譞摄于南苑神机营，时年二十三岁

↑ 奕譞朝服像

↓ 醇亲王奕譞、叶赫那拉氏夫妇合影

奕譞与爱子摄于太平湖醇王府

光绪八年（一八八二年），奕譞与其亲属摄于适园

↑ 光绪十一年（一八八五年）四月十五日，奕谖到天津检阅海军时摄于大沽口炮台

↓ 光绪十二年（一八八六年），奕谖朝服像

光绪十三年（一八八七年）四月，奕譞摄于西山妙高峰退潜别墅。梁时泰摄影，奕譞题款

奕谟与其心爱的梅花鹿合影

↑ 奕譞与李鸿章、善庆摄于天津海光寺行辕

↓ 光绪十五年（一八八九年），奕譞与奕䜣摄于恭亲王府

↑ 一八六〇年十月的恭亲王奕䜣

↓ 一八六八年的恭亲王奕䜣

↑ 领衔军机大臣奕劻

↓ 奕劻与载振

李鸿章坐像

↑ 端郡王载漪

↓ 肃亲王善耆

↑ 晚清格格与王府女眷

↓ 晚清王爷

小王爷骑马像

終將攝影入清宮

将摄影术引入大清宫廷的人既非太后，
亦非皇帝；她不是高高在上的统治者，
而是一位柔弱又刚毅的女子——珍妃。

紫禁城内的清代皇帝和后妃们开始主动接受摄影术，始于一九〇三年，即慈禧太后在颐和园照相之时。但最初将摄影引入清宫的，不是慈禧，而是珍妃。

在光绪皇帝载湉的爱情世界里，只有珍妃一人。

光绪十四年（一八八八年），光绪十八虚岁，已到结婚年龄，西太后慈禧决定为皇帝成亲。慈禧不顾光绪本人的反对，给皇帝物色了一个他并不喜欢的皇后——慈禧亲弟弟桂祥的女儿静芬。静芬比光绪大三岁，时年已二十一岁，在那早婚成风的年代，居然尚未出嫁，可见也是个困难户。她后来成为晚清历史上的又一位叶赫那拉氏皇后。

其实，光绪是慈禧亲妹妹的儿子，皇后是慈禧亲弟弟的女儿，他俩原本就是表姐和表弟，属于近亲结婚。然而，慈禧想通过这个巧妙安排继续掌握朝廷大权。按照皇家一夫多妻的旧例，光绪大婚的同时还要纳娶两个妃子，她们就是侍郎长叙的两个女儿，初封瑾嫔、珍嫔。

光绪对这桩婚姻从定亲时起就不满意，接踵而来的不幸是择定大婚吉期前一个多月迎娶皇后的必经之门太和门于光绪十四年（一八八八年）十二月十五日深夜发生一场大火，吞噬了太和门及其左右的贞度门、昭德门等建筑。万般无奈，只得清理火场、临时赶制太和门彩棚，以应翌年正月二十六日的大婚典礼，奉迎皇后入宫。

光绪与皇后的婚事正应了这场预兆不祥的大火，夫妻两人生活上一辈子不亲，政治上不和。在光绪与慈禧帝后两党之争中，皇后不仅始终站在西太后一边，而且还起到了忠实帮凶的作用，她成为慈禧探听、监视皇帝行动的耳目。

光绪始终不爱静芬，各闹各的犟脾气，彼此互不迁就，互不让步，只是当着太后的面或在外人面前装成一团和气；事实上，双方关系非常冷漠。清代宫廷有传统规矩，在每年腊月三十和正月初一、初二这三天，皇后有特权必须陪伴皇帝就寝，过了这三天皇帝才能召幸其他妃子。据说光绪和皇后即使同寝也仍不同衾。

瑾妃是珍妃的姐姐，大珍妃三岁，满洲正红旗人。祖父裕泰，在道光、咸丰朝均为总督，父长叙，任礼部侍郎。光绪十五年（一八八九年）被选入宫，时年十六岁，瑾封嫔，与其同时入选的胞妹则封为珍嫔。光绪二十年（一八九四年），瑾、珍二人晋封为妃。后因"珍妃忤太后"，株连瑾妃，两人同降为贵人。翌年，两人仍复封为妃。

珍妃十三岁入选进宫，聪明貌美、性情纯厚、能书擅画，与光绪意趣颇为相投。

当时，摄影术传入中国虽已有数十载，但在宫中仍属严禁之列。光绪二十年（一八九四年），珍妃暗中从宫外购进一套摄影器材。每天给慈禧太后请完安后，她便一头扎到自己的寝居景仁宫潜心研习拍照技术。据当年光绪大婚充任喜婆、后跟随珍妃左右的宫女刘氏回忆，珍妃不仅自己喜好摄影，也给光绪皇帝照相，还教太监用照相匣子。珍妃拍照时任意装束，姿势各异，不拘礼法。

好景不长，慈禧闻之，命人用板笞责打珍妃，并将她身边两名太监发配黑龙江充军。是时珍妃正值豆蔻芳龄，她不畏强暴，又自解私囊，嗜使身边姓戴的太监出宫，在东华门外开设了一家照相馆。不久，此事也未能隐瞒，光绪皇后静芬将其密告慈禧太后。珍妃的举措激起了慈禧对她多年的怨愤，她当即将戴太监传来严讯，酷刑之下，太监隐瞒不过，全盘招出后，随即被乱棒活活打死。珍妃也遭到囚禁。

由于珍妃“屡次犯上”，“违背祖制，大逆不道”，庚子年八国联军入侵，皇室外逃之前，她被慈禧下令推入井中溺死。宫中珍妃留下的摄影作品也遭到摧毁。

后来，光绪皇后静芬和瑾妃倒留下了几组照片。两人形象均不甚美，她们照相时多采用高调摄影手法来弥补自身不足，以强烈的反差及线条突出人物身影。这样拍摄处理后，画面给人一种明快、刚健的感觉，又带有明净清新、淡雅恬适的内在神韵。

隆裕太后的宫内生活照片，有一张她与太监摄于假山上的石桌旁，隆裕坐中，太监们在旁。紫禁城内花园假山上设置石桌石墩的共有两处，一在御花园的西侧养性斋门前的假山上，一在建福宫花园（俗称西花园）东侧的假山上。从照片来看，这应是在建福宫花园摄下的。该照片摄于溥仪登极之后，隆裕太后已是四十岁出头的人，身着薄棉旗袍，外罩马甲坎肩，脚蹬花盆底鞋，都系她在宫内日常生活的穿戴。值得注意的是，照片上的隆裕总是神情忧郁，没有笑容。

瑾妃留下的大多数照片则是在隆裕死后，她被尊为端康太妃的晚年拍摄的。

今天，故宫仅存一张珍妃的肖像照片，光绪皇帝的影像则踪影全无。目前社会上流传有个别珍妃的旧照，其真伪仍有极大争议。尽管如此，执着进取、勇于开拓的珍妃作为清宫摄影的第一人，则被永远记在了史册上。

↑ 珍妃拍摄的光绪像（传）

↓ 珍妃像

这张照片上的人物曾一度被传为珍妃，实为一格格的留影

光绪皇后（隆裕）

↑ 隆裕太后与太监们在一起

↓ 溥仪（前坐者）与隆裕太后（右四）等在建福宫庭苑

瑾妃

↑ 端康（瑾妃）坐像

↓ 端康（瑾妃）立像

端康（瑾妃）

端康（瑾妃）

端康（瑾妃）与婉容（左二）、文绣（左三）、唐石霞（左一）等在御花园

端康（瑾妃）与宫中人合影

端康（瑾妃）与太监们在一起

『通明鏡』中西太后

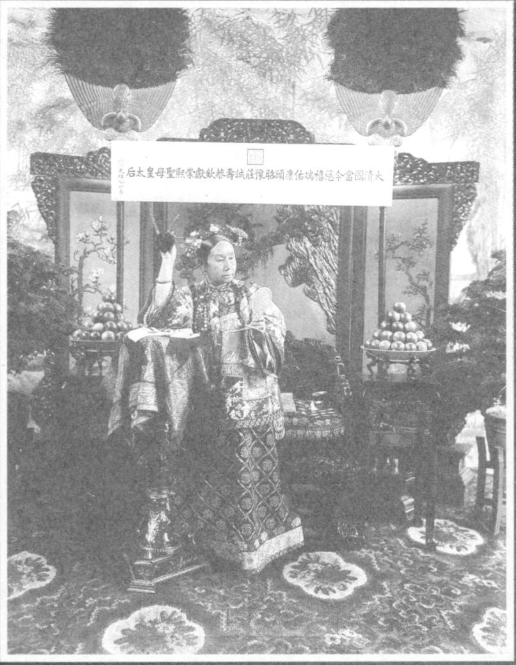
大清國當今慈禧端佑康頤昭豫莊誠壽恭欽獻崇熙聖母皇太后

她是大清帝国的实际统治者，执掌政权长达半个世纪之久。一批珍贵的影像档案，定格了这位超重量级历史风云人物的晚年岁月。

慈禧太后一生追求权力和享受，在生活上奢侈靡费、挥霍无度，凡世间享乐之事，她无所不好。慈禧不仅书画皆通，还是一个标准意义上的戏迷。她欣赏戏剧，也懂音律。宫廷大戏《昭代箫韶》就是在她的主持下由二十四出被翻改成了一百零五出的京剧剧本。乱弹《阐道除邪》中剥皮鬼唱的反调台词，也是慈禧亲自编写。慈禧回銮之后，不再召整班，只选个别演员“内廷供奉”。谭鑫培、孙菊仙等名角儿都是她的所爱。慈禧对京剧的一往情深，无疑大大推动了这门国粹的繁荣。光绪末年留下大量的戏衣和道具，至今还完好地保存在故宫博物院里。

尽管慈禧以铁腕手段残酷扼杀了清宫的早期摄影活动，但步入晚年后，她却突然心血来潮，又开始对照相眷念不已。

光绪二十七年（一九〇一年），清政府全权代表庆亲王奕劻和李鸿章与十一个国家的代表签订《辛丑条约》后，慈禧太后和光绪皇帝从避难的西安返回紫禁城，并发懿旨要与各国“讲信修睦，药敦联欢”，以换取各国列强对太后的好感和支持。外务部还奉懿旨：“令各使馆内眷进谒宫廷，随同游宴。”从此，太后即常于御苑内召见各国公使夫人，这亦是庚子以后慈禧新的政治手腕之一。一九〇二年，两宫回銮，火车由西安返京。慈禧在正阳门瓮城内西北角的观音庙上香，稍作停留。站在城门上好奇的外国人无不以一睹当朝太后真容而惊异。其中一位举起相机，留下了慈禧太后挥舞着手帕向他们致意的珍贵瞬间。

当然，这只是抓拍。真正令慈禧太后改弦更张，接受照相技术的契机之一，则是一幅俄国沙皇尼古拉二世赠送的沙皇全家合影。

俄国沙皇尼古拉二世和皇后将一幅八英寸着色全家照命驻华公使赠送给清光绪皇帝。照片镶在紫檀木镜框内，上面嵌有纯金制的东正教标志和其他装饰物，并配有用天然水晶磨制的玻璃，庄严华贵。照片的赠送仪式在光绪二十八年（一九〇二年）八月，由慈禧太后特选的一个吉日举行。是日，太后身着镶金边黄缎绣袍，上面绣着彩凤寿字，并披着由三千五百颗专供帝后御用的东珠串织的披肩，与光绪皇帝、皇后一同在颐和园仁寿殿召见了俄国公使夫人渤兰康太太。夫人向慈禧太后和光绪帝行礼后，即将尼古拉二世帝后全家照呈上。慈禧太后和光绪帝、后看罢非常感慨，大加赞赏，光绪皇帝就此向公使夫人询问了许多俄国沙皇、皇后的情况，且让其转谢沙皇的盛意。慈禧太后特意将一块传世翡翠赏赐给了公使夫人。

招待公使夫人的佳肴是满汉全席，为不令渤兰康夫人因不会使用筷子而感到尴尬，太后令人专为其摆放了成套刀叉。

值得插叙一笔的是，照片中显赫的俄皇家族在一九一七年的革命浪潮中倾覆，尼古拉二世一家后被列宁领导的苏维埃政权逮捕。次年七月十七日凌晨，俄皇一家七口及四个随从在西伯利亚叶卡捷琳堡一座寓所的地下室中遭到集体处决。行刑者将他们的尸体用卡车运往附近的森林浇上煤油后加以焚烧，随后又把所剩残骨抛进林中一口废弃的矿坑。直到一九八九年，他们的骸骨才被两位业余历史工作者找到。

自得到俄国沙皇、皇后的照片后，慈禧太后原来认为摄影术冒犯龙颜、有失体统的观念开始转变，她跃跃欲试的心情日益强烈，对照相的好奇感日益增强。

摄影在当时主要还是采用玻璃板底片或干片，它的成像程序复杂，全部照相材料均需进口，成本昂贵。

光绪癸卯年（一九〇三年），慈禧最终决定特召曾在西方研习过摄影术的勋龄奉旨进宫，携带刚运回国的全套照相器材，作为御用摄影师，专门为自己拍照。勋龄的妹妹容龄曾任慈禧御前女官，她对此这样回忆：“有一回，慈禧问我姐妹俩会不会照相，她想在画像之前先照几张相，从外边找人来照相不很方便。我母亲说：‘她们两人不会照相，奴才勋龄会照相。’慈禧说：‘那很好，明天就让他进来给我照相，照出像来好让柯姑娘照着画。’”勋龄曾自述：“光绪年间，勋龄及两妹追随先母，同侍宫闱，凡慈禧太后之御照，莫不由仆一人所摄。”

为了照相，慈禧特传御旨在其寝宫乐寿堂前搭席，用布景屏风为衬，并按殿内样布置豪华的陈设。西方人的摄影构图总是力求脱离直线或垂直线，而慈禧则讲求画面平衡对称，人物面部不能有阴影。这种习惯深受中国传统帝王画像形式的影响，反映了不同国家的艺术风格和审美趣味。

当时颐和园内虽已有电灯，但不具备用于摄影的照明器材；为了突出主体人物的立体形象，又不触犯慈禧所忌讳的阴阳脸，提高成像的清晰度，勋龄恰到好处地运用了柔和协调的自然散射光，拍出的照片效果竟类似国画。通过使用对称手法来表现人物，巧妙构图，慈禧照片的画面意境深邃、影像丰富清晰，立体感、质感均佳。

慈禧在照相之前，要先亲自翻阅历书，选定吉日良辰。拍照时常命勋龄为其连续拍上几张不同姿态的宫装像，并迫不及待地命令将每张放大数幅，还要速将尚未上光的带水样片呈奉御览。

如今故宫博物院内还珍藏着许多当年所摄的玻璃底片和照片，其中仅慈禧一人晚年所摄三十余种装饰、神态各异的照片就有数百张，大多系光绪二十九（一九〇三年）和光绪三十一年（一九〇五年）的留影。

保存在中国第一历史档案馆的《宫中档簿·圣容帐》中，光绪二十九年七月对慈禧所拍照片有专门立册，并附以详细的记载：

戴冠穿花卉大圣容十六件，带匣子。

梳头穿花卉大圣容十九件。

梳头穿花卉半身大圣容一件。

梳小头穿花卉拿团扇乘轿圣容五十九件。

梳小头穿花卉拿团扇圣容五十七件。

梳头穿花卉拿折扇圣容六十件。

梳小头穿花卉拿折扇圣容四十七件。

戴冠穿花卉圣容七十七件。

梳小头穿花卉圣容四十七件。

戴钿子穿龙袍圣容六十三件。

梳头穿净面衣服拿团扇圣容一百零三件。

梳小头穿花卉拿折，岛圣容七十一件（站）。

梳头穿花卉戴璎珞拿折扇圣容四十一件（站）。

梳头穿花卉戴璎珞圣容十二件（横）。

梳头穿花卉戴璎珞圣容四十八件。

梳头穿花卉戴璎珞带格格等圣容十三件。

戴五佛冠圣容十件。

梳头穿花卉中圣容一件。

梳头穿花卉戴璎珞带康格之妻等圣容三件。

梳头穿花卉戴璎珞带裕庚之妻等圣容三件。

戴冠穿龙袍圣容一件。

梳头穿花卉圣容三件。

梳头净面衣服圣容二件。

乘船圣容三件。

梳头穿花卉大圣容二件。颐和园乐寿堂明间挂。

梳小头穿花卉圣容一件（站）。颐和园乐寿堂西进间挂。

梳头穿花卉圣容一件。宁寿宫乐寿堂西寝宫挂。

戴冠小圣容一件。海晏堂观挂。

梳小头拿扇子小圣容一件。海晏堂现挂。

以上慈禧照片共计约三十种，其中放制最多的一种放大了百余幅，这和故宫博物院旧藏慈禧照片的种数相吻合。这批照片均为慈禧七旬大寿之前所拍，系特为其寿辰时悬于宫中或赏赐他人之用。目前，除故宫外，国内外其他各大博物馆及社会上私人所收藏的慈禧原照已可谓凤毛麟角。

慈禧所拍相片大致可分为四类。

第一类是慈禧起驾与乘舆前往仁寿殿的照片。这也是慈禧太后第一次照相。慈禧提出自己的首张照片要拍下坐轿受朝的场面。起初，她以为照相类似画画儿，询问要坐多久才能照好。当获悉只需几秒钟的时候，她显得很是惊愕。慈禧又询问何时可以看到成像的实物。勋龄告诉她："如果早晨拍照，那么傍晚就可以看到。"太后听罢更加兴奋，禁不住表示希望亲自看看勋龄冲洗照片的过程。

为满足太后尽早看到照片的希求，第二天一早勋龄就带着照相器械赶赴颐和园。慈禧把玩着相机，向勋龄咨询照相的技法。勋龄向她简要介绍之后，慈禧即命一个太监站到前面，自己则从镜头后观望。当看到镜头中的人像都是头朝下的时候，慈禧惊呼不解。于是，勋龄等人又向她解释了一番成像的原理，表示照好的相片不会颠倒。慈禧这才放下心来，健步走入轿中，令轿夫将自己抬起前行，勋龄随即按下了快门。

照片上一群太监及后妃、宫女们前呼后拥，大总管李莲英、二总管崔玉贵在前开路。后人可从这一场面中看到清代的銮舆、仪仗和殿前为避暑用所搭的天棚。慈禧平日喜欢赏戏、逗小狗，就连与后妃、太监们合影时，也不忘带上自己豢宠的黑长绒毛狮子狗"海獭"，以此来丰富摄影画面的意境。照片上的慈禧腕戴玉镯，手指上戴长长指甲套，真可谓金玉满身，珠翠盈头，靡费惊人。

第二类是慈禧的单人特写照。它们均摄于颐和园乐寿堂前一个宽大的御座旁，或站或坐。虽已是古稀老妪，却面貌姣好，目光炯炯有神，可以窥见她保养有方。每幅照片中，慈禧的装束、头饰和周围的陈设皆不相同。

慈禧特下御旨将其中几张神态仪表各异、角度不同的得意之作放成罕见的巨照，并命如意馆画师着上艳丽而协调的色彩。每幅都在长七十五厘米、宽六十厘米之间，非常精细平整地托裱在硬纸板上，装帧极为考究，并镶在长一百零七厘米、宽八十五点五厘米的特制雕花金漆大镜框内，以增强艺术观赏效果；又专门配制了长一百二十八厘米、宽一百厘米、厚二十厘米紫檀木匣盒，外加御用明黄色丝绣棉袱，极其豪华。当时这些照片大都悬挂于寝宫中，挂钩是行龙圆头银制的，因镜框太重，下面均配有一对底托钩。可以想见，在二十世纪初的技术条件下，把照片放成如此之大，甚为不易。且这些照片影像清晰，色彩雅丽，采光极为柔和协调，构图十分讲究，画面意境深邃，人物传神，立体感、质感均佳。这样的照片不仅在当时罕见，即使用现代标准来衡量，也堪称是人物摄影的佳作，足以体现出勋龄于摄影术纯熟的技法和高超的艺术水准。

据《清宫琐记》载："勋龄给慈禧照相，他在对光的时候要跪着，但跪着又够不着相机。李莲英便给他搬来一把凳子，让他跪在凳子上照。慈禧说：'就让他在照相的时候免跪吧。'勋龄是大近视眼，在慈禧面前是不准戴眼镜的，勋龄不戴眼镜便无法对光，他只好告诉李莲英。李莲英禀明慈禧，特许他戴着眼镜对光。"慈禧太后在拍这类个人特写照时，每拍一张都要更换一身袍褂装饰。她所穿的衣服包括各色绸缎绣龙袍、龙褂、绣蟒袍、绣百蝶袍、绣牡丹袍、绣凤和寿字袍，各色缂丝、绣不同式样的寿字图案敞衣、马褂、金丝串珠丝绣礼服、绣花串珠褂等，有的袍褂还镶有金边。衣服上都密缀了许多上等明珠，乌黑的两把头上则插着金银凤簪、玉蝴蝶、珠宝或翠花等各种不同的头饰，并佩戴各式名贵的耳环，璀璨耀目。有几幅照片头饰左边还悬着八串珠珞，手上则戴有几副玉钏、翠戒、扳指，在右手的中指和小指上戴着三寸长的金指甲套，左手两个指头戴有同样长的玉指甲套。各种首饰都与袍褂相配称，在珠宝之间，还夹有几朵鲜花，白茉莉是慈禧最喜欢的一种。

值得一提的是，慈禧虽然珠宝无数，每次拍照时的装束及首饰也不尽相同，但潜心观察就会发现，慈禧所有的照片中皆戴有两副耳环，其中一副不太显眼的小宝珠耳环从来不曾摘过，而只是频繁地更换另一副。原来，慈禧初进宫时正值妙龄，风姿俊俏，为嫔时就灵巧过人，能背诵五经，通达满文，大略浏览过二十四史，通晓古今治乱大事，又能察言观色迎合上意，遂得咸丰帝独宠一时，特赏给她宝珠耳环一副，慈禧因之常戴，以示炫耀。

照片中御座周围的陈设也随时更换，其中有鹤灯九桃檀香熏炉、盛满水果的七宝锦鸡牡丹大瓷盒、插着盛开的荷花的龙凤大胆瓶，另有兰花、青松、钟表等。御座周围地面铺着华丽精美的提花地毯，座后是孔雀牡丹围屏，上悬“大清国当今圣母皇太后万岁万岁万万岁”横匾，御座两旁竖着一对孔雀翎掌扇。或换成松柏玉兰屏风，后边以布帏挡住，布帏上绘山石丛竹图案，屏风上悬挂有一幅横匾，上写“大清国当今慈禧端佑康颐昭豫庄诚寿恭钦献崇熙圣母皇太后”二十六字，并镌“慈禧皇太后之宝”和“大雅斋”御玺，书“光绪癸卯年”（一九〇三年）款。

这二十六字中有十六字是徽号，每上一次徽号为两个字，慈禧即是第一次上的徽号。所谓徽号，系帝后尊号之上再加的褒美之词。清代帝王徽号，每次大多是两个字，凡遇庆典，都可以增加。按制，一个皇太后一生最多能上十次徽号。慈禧一生共上了八次，即横匾上的这十六字徽号。五年后即一九〇八年，慈禧驾崩了，逝世以后即以徽号为谥。慈禧一生所上的徽号，在清一代的皇太后中仅次于太宗皇太极的妃子、顺治帝福临的母亲孝庄文皇后。孝庄一生共上徽号十次即二十字，死后又没有以徽号为谥，雍正、乾隆等共为其累加谥，其谥为另外十六字。因此，慈禧一生出尽风头，也是其他皇太后鲜能比拟的。

故宫保存的这批慈禧影像许多在其生前已经修版，慈禧太后面部的皱纹和眼袋被小心翼翼地去除或淡化，因而较之国外公开的未经修版的原片，故宫藏照中的慈禧显得年轻许多。

第三类是慈禧的化装照。德龄在《清宫二年记》中曾经描述：在一个阴雨连绵的日子，慈禧等人从颐和园乘船来到西苑。看到湖中盛开的荷花，慈禧说道："我们在这里至少住三天。我希望这几天天气好，因为我想在船里拍几张照。还有一个好主意，我想扮作观音来拍一张，叫两个太监扮我的侍者。必需的服装我早就准备好了，有时候要穿的。碰到气恼的事情，我就扮成观音的样子，似乎就觉得平静起来，好像自己就是观音了。这事情很有好处，因为这样一扮，我就想着我必须有一副慈悲的样子。有了这样一张照片，我就可以常常看看，常常记得自己应该怎样。"

于是，在七旬大寿前的盛夏季节，慈禧自比为"大慈大悲救苦救难"的菩萨，打扮成观音模样拍下了一组照片。她身穿团花纹清装或团形寿字纹袍，头戴毗卢帽，外加五佛冠，左手捧净水瓶或搁在膝上，右手执一串念珠或柳枝。李莲英扮善财童子或守护神韦驮站其身右，左边则有扮龙女者。据清代内务府档案载：

七月十六日海里照相，乘平船，不要篷。四格格扮善财，穿莲花衣，着下屋绷。莲英扮韦驮，想着戴韦驮盔、行头。三姑娘、五姑娘扮撑船仙女，戴渔家罩，穿素白蛇衣服，想着戴行头，红绿亦可。船上桨要两个，着花园预备。带竹叶之竹竿十数根，着三顺预备。于初八日要齐。呈览。

档案所述“海里”泛指西苑三海。七月十六日即中元节的第二天，此前宫中当举行过相关的法事活动。慈禧太后经过精心策划、周密安排才决定于十六日正式拍照，迫不及待的她在初八日便要求将一切预备周全，呈览候检。

从事前准备之精细，可以想见场面之大。从留存下来的几幅慈禧扮观音的照片上看，其成像清晰，布局自然，人物神态各异。在盛开的荷花丛中，背后是彩绘山石竹林的布景，从竹上悬一云头状牌，牌上楷书“普陀山观音大士”七字。

此外，几幅慈禧与侍从们乘坐无篷平底船游湖的照片也拍摄于同一时期。

太后游湖时，外至护军、内至敬事房都要悉心筹备。宫苑外围护军沿围墙严密巡逻，闲杂人等必须离开半里之远。寿膳房须精心准备随船供应的膳食。太监们负责保障太后的安全，同时还要确保船上的物品一尘不染。

《清宫遗闻》有诗云：

垂帘余暇参禅寂，妙相庄严入画图。

一自善财承殿宠，都将老佛当嵩呼。

并注解说："孝钦后政暇尝作观音妆，以内监李莲英为善财，李妹为龙女，用西法照一极大像悬于寝殿宫中，均呼孝钦为老佛爷。"在中海化装乘坐无篷平底船游湖，随侍慈禧一同照相的有隆裕皇后、瑾妃、庆亲王奕劻的女儿三格格和四格格、德龄、德龄母亲、容龄、元大奶奶、总管太监李莲英及女官等。慈禧独坐船中，皇亲格格女官们围立左右，穿清朝服装的美国女画家卡尔也在其中，几名太监则在两边撑船侍候。蔡东藩在《西太后演义》中写道："且有一张渔家装束，亦与后妃人等并拍，烟蓑雨笠，孤棹扁舟，颇脱尽宫闱习气，乃是在颐和园昆明湖中照的，西太后很是欣慰，晒印了好几页，随处悬挂。后来流传京外，各直省都仰慈容。"

第四类为慈禧与后妃、格格、女官及外国公使夫人等的合影。西太后晚年经常在颐和园内的乐寿堂、仁寿殿、排云殿招待外国公使夫人。故宫保存有一张慈禧与美国公使康格夫人等的合影，照片中的慈禧七旬高龄，身穿绣满寿字和各色大朵牡丹并镶有金边的袍褂，又饰以许多美玉与珍珠璎珞；冠冕上挂满珠宝，有玉制的凤、蝴蝶及珠花、金簪等；绣袍外的披肩形似渔网，是由三千五百颗专供帝后御用的东珠穿织而成，璀璨夺目；手上戴有几副珠、金、玉镯及宝石戒指，脚蹬饰缀着串珠的绣花高足盆底鞋，打扮得雍容华贵，端坐于御座上，左右站立着外国公使夫人等。这张照片，实为晚清时期中外关系史上不可多得的见证。

女画师卡尔对光绪三十年（一九〇四年）秋季慈禧在颐和园的宴游曾有过如下记述：

诸女宾趋进朝堂之时，公主辈共列两行，下阶以迎之。先与来宾会见于白石之平台上，然后转身为来宾前导，既戾止大殿（仁寿殿），则分列两班，侍立于皇太后、皇帝宝座之左右二面。皇太后则巍巍乎高登宝座之上，光绪帝坐之于左。宝座之前，设宝案一，黄色之围，垂几厦地。案上供香花、鲜果数大盒。堆置之式，作埃及三角塔形，绚烂照人，香气四溢，固洋洋乎王者之气象也。诸夫人趋进朝堂时，皆向御座行三鞠躬礼，于是各人依次趋至宝座前，行觐见之礼。太后之翻译裕庚女公子德菱（龄）女士，则立太后之右，惟所立地步，稍后于太后之御座。每女宾趋前觐见，则德菱女士立将其人之名姓履历，唱于太后闻知。太后因极富记忆力者，凡诸宾既前与太后有一面缘者，则第二次相见时，太后皆已能一一认识，固不必待人之唱名也。然太后接待来宾之诚意，则无论前次见面与否，皆一视平等，无分彼此。虽其中不乏一二人，最为太后所深爱，而当大众齐集时，亦不稍露爱憎之意，取人訾议。盖太后固为一阅历兼到之女主人也。

诸贵宾觐见既讫，宫监即移去御座前之香案。太后即亲自从御座上降下，与诸女宾相为周旋，状极恳挚，既又以皇后及诸公主一一介绍之与诸来宾。少顷，宫监即以黄色椅子将进，太后就座后，遂设茶点以飨来宾。诸来宾围太后而立，随意进用茶点。

用茶之顷，太后不时与来宾交谈，以免岑寂。既已，诸女宾由宫监导引，经戏厅穿过皇后之宫，而至于太后寝宫。公主辈亦随之于后，斯时太后寝宫之宝座室中，已设有盛筵以宴来宾。其所用之菜，中西俱备。除中国名酒外，尚有香槟酒及荷兰水多种，可谓应有尽有，无关匀臻也已。当时主席则为皇郡主（荣寿固伦公主，恭亲王奕䜣之长女）及其他公主人等。酬酢往还，备极周至。用膳既已，公主辈即导引诸来宾往园中四处游览，既而驻足于水涯之平台上者移时。仰观满日，俯玩夕波，致足乐也。

未几皇后与皇妃二人即前来与余辈相会，盖余辈用膳之时，后妃二人，亦早已剐去。直至斯时，始再会集，于是皇后辈遂发起湖上之游，以尽今日之兴。未几舟已备齐，余辈遂分坐三艇，同时出发。是日所乘之舟，举为宫中大号之游艇。太后素乘之画舫，则并未动用也。每舟各具宝座室一间，设太后宝座一，以黄缎覆之。太后虽并未出席于此，他人亦视为神圣不可侵犯，不敢擅坐也。款乃数声，船已抵小岛近旁。

来宾曾登岸一游，未几即还，于是再解缆出发，而行抵于石船之旁。石船者，旱船也，全身以石为之，故名。位于湖心中，环船皆水，极占形胜，昔日先皇帝避暑之所。山影承席，江风吹衣，纳凉于此，洵足可人也。斯地亦为颐和园名胜之一，西人之来园游览者，必登斯以观，一穷其胜。然而太后则殊不常往，惟于来宾参观时，或陪之一二至。余辈即在此进用茶点糖果等物，及至游兴已倦，诸女宾即与后妃公主辈，一一握别，趋出宫门，仍在外务部办事处取齐，然后乘轿各回北京使署。

卡尔还记下了外国人进宫庆贺中国新年的情状：

两宫既迁往三海（西苑）数日后（光绪三十年正月初五日），北京外交团即进大内对皇太后、皇上行新年朝贺之礼，其礼在大朝堂（乾清宫）内行之。其次日各公使夫人及参赞夫人进内朝贺，太后招待于其宝座室中，济济跄跄，颇极一时之盛……是日为正式朝贺，故礼节备极郑重，外务部派官员数人，与诸女宾同登朝堂，当翻译一职。而女宾方面，则由奥国公使齐根男爵带领绍介，既向两宫行朝贺礼，齐根男爵即起而以法语述颂辞，由外务部堂官翻译之。两宫亦以汉语略述答辞，则由善操法语之联芳翻译之。齐根男爵遂引导诸女宾，一一与两宫接见。礼毕，齐根男爵与其随从人员先退，由中国官员导至客厅中进用茶点，而诸女宾则由公主人等陪伴，在别一室内用茶。

这样的游宴与贺年，直至慈禧太后与世长辞才告终结。

光绪三十四年（一九〇八年），垂暮之年的慈禧带着光绪两次亲临农事试验场，清宫档案留下了如下记载：

本月（光绪三十四年四月）十三日，皇太后办事毕，至勤政殿召见毕，乘轿出德昌门、福华门、西三座门、西安门、西直门，至倚虹堂少坐。乘船至乐善园，下船乘轿进北官门，至马（码）头下轿乘船，下船乘轿至御座房少坐毕，至各处游览，仍乘船至北官门马头，下船乘轿出北官门……乘船至水木自新马头下船，还乐寿堂，驻跸颐和园。

同年九月的一个知会中写道：

据敬事房传出：本月二十六日，皇太后、皇后、瑾妃由颐和园至乐善园少坐，俱往西苑驻跸等因，粘单知照到部，相应抄单照会贵场（即农事试验场），届期敬谨预备可也。

那天特地配备了摄影师，拍下了农务大学堂学员列队迎驾的照片。遗憾的是，年迈的慈禧太后只坐在轿中视察了一番，没有为历史再留下任何影像。

从现存的慈禧照片中，可窥见当时太后晚年生活的面貌。它们富有独特纪实的效果，不仅留下了慈禧晚年的真实形象，在客观上也起到了介绍、传播、推广摄影技术的作用。此后，宫廷上下、朝野内外，无不争先效尤，此风久久不衰。而照片中的人物、銮舆、仪仗、衣冠、服饰等真实形象的史料，对研究清末的政治、经济、外交、典章制度及宫廷生活来说，无疑是极为难得和珍贵的。

慈禧在生命的最后几年里，接受和爱上了摄影；但中国传统的人物画像在她的心中依然有着不可替代的沉甸甸的分量。正如德龄所回忆的那样，慈禧照相还有一层意思，那就是“照出像来好让柯姑娘照着画”。

清统治者入主中原，定鼎北京以后，紫禁城里曾居住过十个皇帝。康熙、雍正、乾隆几个朝代，被供养在内廷的外国画师较多。他们享受的政治和生活待遇都较高，其中不少人被破例赏予职衔顶戴；在饮食起居方面，朝廷尽量照顾他们原有的生活习俗，给予妥善安排，优渥待遇。道光、咸丰年间，由于帝国主义的入侵，供养于内廷的西洋画师逐渐减少。在后宫主位中，即皇后、妃子们身后留下纯西洋画像的，也只有清末统治中国长达半个世纪之久的慈禧太后一人。经考证，先后有两位西洋油画家为慈禧画过油画肖像。第一位是著名的美国女画家卡尔小姐，她在颐和园及西苑三海（中、南、北海）一共为慈禧绘了四幅油画肖像；

第二位是法国画家华士·胡博先生。绘画故事都发生在二十世纪初。

其中一幅慈禧油画像至今保存在当年慈禧喜欢居住的颐和园内，画像呈长方形，通高二点二三米，宽一点四二米，称得上是巨幅擘画。画像上端横题“大清国慈禧皇太后”八个楷书字样，中间有“慈禧皇太后之宝”的见方印模。另外，该画像的右首有“宁寿宫”的印模，左上方有“大雅斋”的印模。宁寿宫在紫禁城的外东路，这是清代乾隆年间，弘历皇帝为他自己在位六十年之后当太上皇时颐养天年而改建修葺的具有前朝后寝仿中路前三殿后三宫的一组宫殿建筑群，慈禧晚年仿其祖宗所为也喜欢居住在这里。而“大雅斋”则是慈禧为自己附庸风雅而起的专用斋号，故宫博物院现藏的为慈禧专烧的瓷器上，常署有“大雅斋”的铭款。该画像的左上方书有“光绪乙巳年”的字样，即光绪三十一年（一九〇五年）。

英国伦敦出版的玛利纳·瓦勒所著的名为《龙皇后》一书的封面上，刊登了另一幅华士·胡博为慈禧画的油画肖像的彩色照片。该书记载，《龙皇后》封面所刊的这幅慈禧油画像，现藏美国福格美术馆。据此，可知华士·胡博至少为慈禧绘制了两幅油画肖像。然而，对于法国画家华士·胡博如何进宫为慈禧画像，一共绘了多少幅，至今尚未发现清宫档案涉及此事的有关记载，有待于今后进一步探索和研究。那么，到目前为止，已知共有两位西洋油画家分别在两年内，为慈禧共绘了六幅油画肖像。光绪二十九年（一九〇三年），首先由美国驻华公使康格的夫人向慈禧推荐美国女画家卡尔进宫为太后画像。

据卡尔述称，她在颐和园和西苑三海随慈禧居住长达八九个月之久。自光绪二十九年(一九〇三年)八月她住进颐和园,至翌年元旦(按:农历元旦即今日春节)过后，慈禧搬回紫禁城和西苑三海居住，她本人亦随往写照。光绪三十年（一九〇四年）四月又随慈禧迁回颐和园。因此，可以确信卡尔为慈禧绘制的这四幅油画像是在颐和园和三海完成的。

有趣的是，对西洋画一无所知的慈禧，在画像之前，曾急不可耐地提出过不少问题，如为什么要坐着画？别人能否代坐？是否每天都要穿一样的衣服，戴一样的首饰珠宝等等。慈禧在画像之前，跑到德龄的闺房，好奇地观看了德龄的照片和画像。慈禧对德龄的照片和画像为什么一边黑一边白弄不明白，对德龄关于光线影子的解释不能理解。她向德龄表示：她担心卡尔会给自己画出黑面孔，因为画作要拿到美国，她不愿意美国人想象自己的面孔一半白一半黑。最后，卡尔经德龄私下说服，终于满足了慈禧的这种要求。所以，卡尔的这批慈禧油画像阴影、光线对比等比之真正西式油画来，是不强烈的。出于迷信，慈禧不仅亲自择定黄道吉日，并叫人帮她精心梳妆打扮，换上绣有紫色牡丹的朝服，披着寿字嵌珠花披巾，头上戴着玉蝴蝶和鲜花，手腕上戴着玉钏，双手的指甲部位戴着长长的护指套。总之，慈禧尽最大可能把自己炫耀一番，借以显赫于天下。

卡尔精心绘制的慈禧第一张油画肖像是准备当时送往美国圣路易斯赛会展览的陈列品，慈禧非常重视，亲自择定完工的日期。在该画成就之前数日，她不时来到卡尔画室，观其设色点睛，兴奋异常。慈禧还特邀外国在京驻使及参赞夫人于光绪三十年（一九〇四年）四月十九日（即慈禧亲自择定的画像完工日）

至西苑三海参观画像。这批洋夫人为了讨好中国的女统治者，无不称赞画像之神似，设色之美丽，笔画之工细；慈禧听后更加乐不可支，美国丹青女士当然也倍得恩宠。当年清廷派皇族代表溥伦专程护送这幅画像至美国展览。这幅画像中慈禧着朝服，俟赛会闭幕之后，该像即赠予美国政府，至今仍藏在华盛顿国家博物馆内。

卡尔的绘画深得慈禧的欢心。太后经常赐给她珍馐美味和贵重物品，宫中上上下下都呼卡尔为柯姑娘。慈禧兴之所至还经常带卡尔去游园赏景。待第一幅慈禧油画肖像被送往美国之后，卡尔随慈禧又驾还颐和园居住。

卡尔尽自己的最大努力满足慈禧画像的要求。在《慈禧写照记》中，她有这样的记述："予于斯时，颇能多事工作，当时先所着手者，即为往'赛'之太后画像之模范一小幅，太后欲自留此，以志纪念者也。继则将先所画就之太后写真两幅，细为修饰，故亦颇占时光。"待其余三幅油画像全部告成之日，慈禧又遍请驻京外国使节夫人来颐和园举行游园赏画会，再度自我陶醉一番。《清宫词》中有言：

朱丹秀罽大秦妆，缇壑人来海晏堂。

高坐璇宫亲赐宴，写真更招喀（柯）姑娘。

卡尔为慈禧画像的八九个月中，慈禧总是好奇地问这问那，差不多总是自己盛装坐在宝座上，让画家去描绘。然而毕竟时间拖得太久，往往不耐久坐，于是，慈禧命德龄穿了她的袍子，戴了她的首饰代替她坐着。当然，这都是在绘制其他部位时才采取的措施，每逢描画面部表情时，她总是亲自认真地坐在那里。

慈禧对卡尔的绘事极为满意。据清宫史料记载，光绪三十年（一九〇四年）四月初十日，慈禧特派外务部大臣到美国驻华公使馆转述太后对卡尔所绘画像“均称圣意”的懿旨，并送去了各种料子绸缎等礼物，还有宝星一座，作为嘉奖，并面交银票一万二千两作为酬谢。

两位西洋画家为慈禧画的六幅油画像，目前两幅在美国、两幅在北京故宫博物院、一幅在北京颐和园，还有一幅油画小样也存在故宫。

↑ 镶嵌在天然水晶框中的俄国沙皇尼古拉二世全家福

↓ 勋龄像

慈禧太后在颐和园仁寿殿前乘舆。前为总管太监李莲英（右）、崔玉贵（左）

慈禧太后在颐和园仁寿殿前乘舆。（此照与前一张略有不同。）

慈禧太后在颐和园乐寿堂前与后妃、太监们合影。地上伏卧着她的爱犬

慈禧太后在颐和园。这张照片上的她露出了笑容

慈禧太后在颐和园

慈禧太后

慈禧太后

慈禧太后

慈禧太后

慈禧太后

慈禧太后

慈禧太后

慈禧太后

慈禧太后

慈禧太后

慈禧太后

大清國當今慈禧端佑康頤昭豫莊誠壽恭欽獻崇熙聖母皇太后
光緒癸卯年

慈禧太后

慈禧太后（此照与前一张略有不同。）

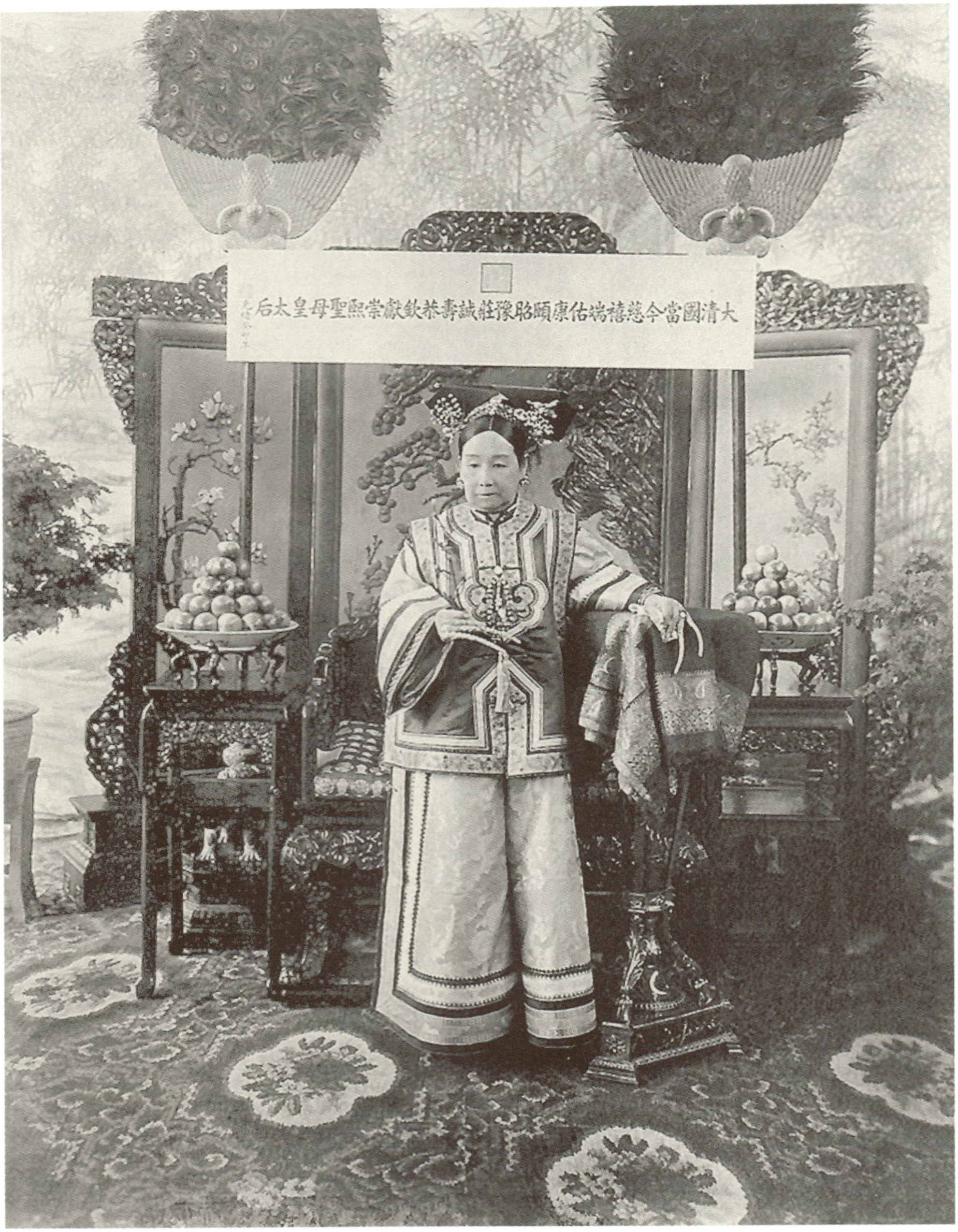
大清國當今慈禧端佑康頤昭豫莊誠壽恭欽獻崇熙聖母皇太后

慈禧太后

慈禧太后（此照与前一张略有不同。）

慈禧太后

大清國當今慈禧端佑康頤昭豫莊誠壽恭欽獻崇熙聖母皇太后
光緒癸卯年

慈禧太后

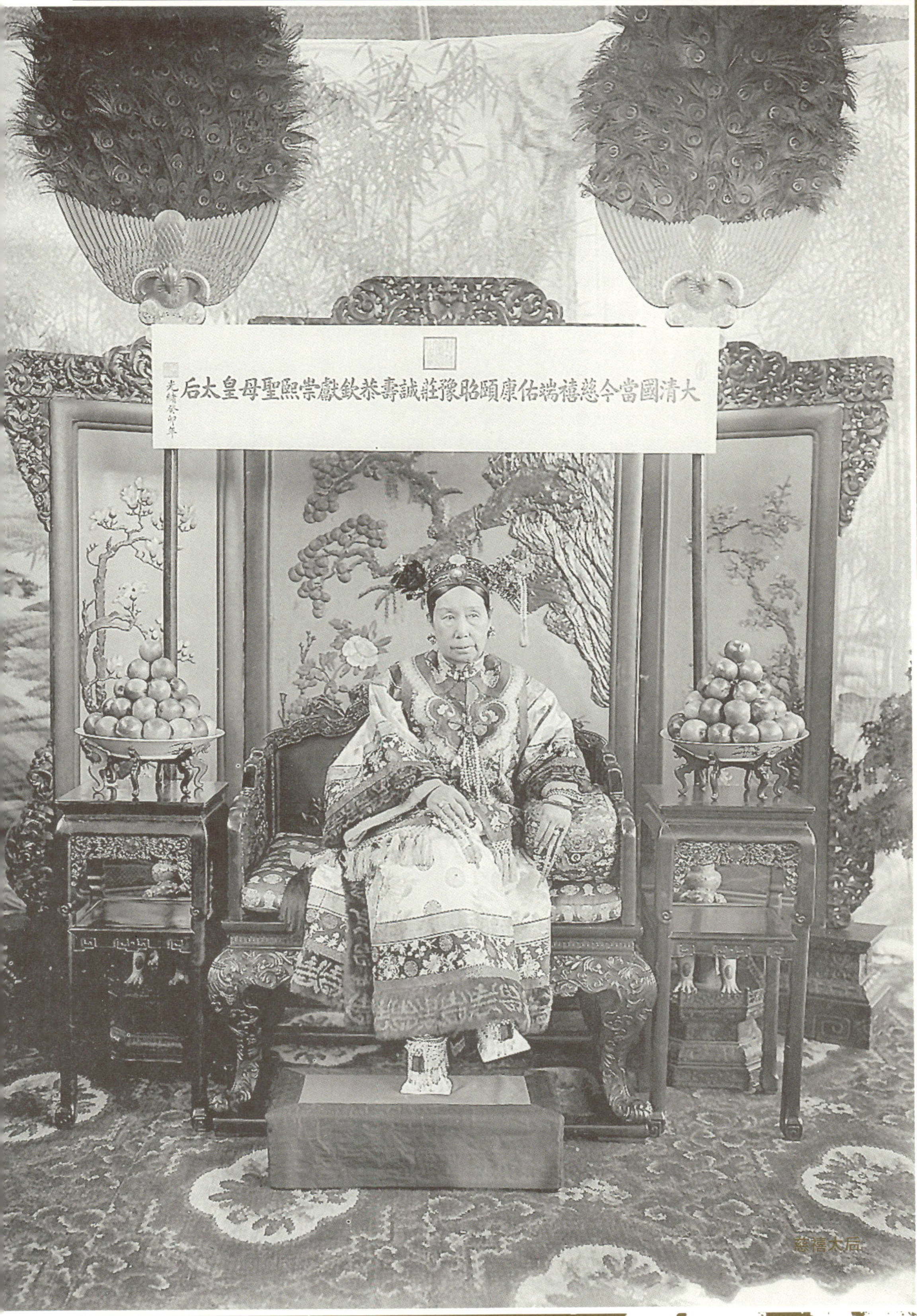
大清國當今聖母皇太后慈禧端佑康頤昭豫莊誠壽恭欽獻崇熙
光緒癸卯年
慈禧太后

慈禧太后

慈禧太后

慈禧太后

慈禧太后

慈禧饰观音。左起：四格格、慈禧、李莲英

慈禧饰观音。左起：四格格、慈禧、李莲英。

（此照与前一张略有不同。）

慈禧饰观音。右一为李莲英，右三为四格格

慈禧饰观音。李莲英（右）饰善财童子

慈禧与光绪皇后、瑾妃、德龄、德龄之母、元大奶奶、奕劻三女儿、四女儿及李莲英等在中海乘平底船

慈禧与光绪皇后、瑾妃、德龄、德龄之母、元大奶奶、奕劻三女儿、奕劻四女儿及李莲英等在中海乘平底船。(此照与前一张略有不同。)

慈禧等人在中海乘平底船观荷

慈禧等人在中海乘平底船观荷。(此照与前一张略有不同。)

慈禧与德龄、四格格、元大奶奶、容龄合影

慈禧与光绪皇后、瑾妃、德龄、容龄、容龄之母合影

慈禧在颐和园乐寿堂与外国公使夫人合影

慈禧在颐和园乐寿堂与外国公使夫人合影。（此照与前一张略有不同。）

慈禧等人在颐和园排云门前

慈禧等人在颐和园排云门前

慈禧踏雪

慈禧与德龄踏雪

慈禧与德龄、容龄姐妹踏雪

慈禧与德龄等踏雪

慈禧踏雪

慈禧与四格格等踏雪

慈禧与四格格等踏雪。（此照与前一张略有不同。）

慈禧与四格格等踏雪

慈禧与四格格等踏雪

慈禧巡视农事试验场时，农业大学堂学员列队迎驾

凯瑟琳·卡尔绘慈禧太后

华士·胡博绘慈禧太后

瀛台幽海困蛰龍

戊戌变法失败，光绪皇帝被慈禧太后软禁于南海瀛台。他在这里度过了屈辱痛苦的余生。南海的一草一木，见证了一位改革者的悲剧。

至今，在故宫博物院保存着七百八十余幅慈禧太后的照片，这使我们震惊；令我们更为震惊的是，在万余张故宫藏照中，竟然找不到一张光绪皇帝真正意义上的影像。

历史资料告诉我们，光绪并非没有接触过照相，更不是抵触照相，仅珍妃一人就给他拍摄过不少照片。这与我们看到的事实矛盾。

那么，是谁能够将贵为天子的皇帝影像做清空性处理呢？毫无疑问，伸出这只黑手的人只有一个——她就是慈禧。

光绪的悲剧是数十年帝后之间矛盾冲突最终的结局。

光绪帝载湉为同治帝堂弟，咸丰帝之侄，其父为道光第七子醇亲王奕譞。同治十年（一八七一年）六月二十八日，载湉出生于宣武门太平湖畔醇王府的槐荫斋。

同治帝死时年仅十九岁，身后无子，按“兄终弟及”的做法，可由其弟继位。但同治帝为独生子，则应从其最亲近的亲属中选一子弟继位。大臣们提出的最佳方案，是由他的大伯父即道光长子奕纬之孙溥伦作他的嗣子，由其继位，但慈禧太后不同意如此安排。她表面上借口溥伦之父载治不是奕纬的亲生子，同样是由旁支过继，实际上是担心载淳的子侄辈继位，自己身为祖母便无权以太后身份临朝听政。于是，慈禧太后坚持立奕谖与自己胞妹叶赫那拉氏所生的载湉，以弟继兄，便于控制。

光绪帝五岁登极，慈安、慈禧两太后垂帘听政，政事悉由慈禧太后裁夺。

光绪七年（一八八一年）三月，慈安太后暴亡，慈禧太后从此大权独揽，成为当时实际上的最高统治者。光绪十三年，载湉年至十七。正月十五日，举行皇帝亲政典礼，慈禧太后“撤帘归政”，但仍“训政”，操纵朝廷大权。光绪十五年（一八八九年）二月，鉴于皇帝已大婚成年，慈禧太后只好结束“训政”，到颐和园颐养天年。事实上，朝中大事依旧要太后做主，光绪只是傀儡而已。

此时国家内忧外患，帝国主义瓜分华夏，列强频频叩打中国的大门，几乎每隔十年就发动一次侵华战争。中法战争、中日战争、日俄战争接踵而至，直至光绪二十六年（一九〇〇年）八国联军再次攻掠都城北京，自行划分各自的势力范围。

自西安回銮的慈禧太后放言：“量中华之物力，结与国之欢心。”清政府彻底沦落为帝国主义列强的附庸。光绪二十一年（一八九五年）春，康有为、梁启超等进京参加会试的各省举人一千三百人联名“公车上书”。光绪二十四年（一八九八年）四月二十三日，皇帝颁下“明定国是”诏书，正式宣布变法，推行新政。光绪帝授予康有为“专折奏事”的特权。

变法影响到慈禧太后的独裁和守旧派的利益，“帝党”与“后党”展开了激烈的斗争。七月二十九日，光绪帝到颐和园觐见慈禧太后，慈禧太后表达了废帝的意图。她密谋由北洋总督荣禄在九月初皇帝、太后到天津阅兵时政变，正式废黜光绪。

形势危急，光绪帝当天就给帝党人物杨锐发下密谕：

朕惟时局艰难，非变法不足以救中国，非去守旧衰谬之大臣、而用通达英勇之士，不能变法。而皇太后不以为然，朕屡次进谏，太后更怒。今朕位几不保，汝康有为、杨锐、林旭、谭嗣同、刘光第等，可妥速密筹，设法相救。朕十分焦灼，不胜期望之至。特谕。

杨锐胆小，将密谕扣住未传他人。光绪帝不得回音，急不择路，于八月初一、初二连续两次召见袁世凯，擢升他侍郎衔，让他专办练兵事宜，希冀以此笼络袁，使其感恩报德，效忠皇帝。同时，光绪帝于八月初二日还有一道密谕给林旭，让他转告康有为迅速离京。林旭将前后两道密谕同时转给康有为、谭嗣同等人，大家看后非常感动，但都束手无策，最后也觉得只有拉住袁世凯，由谭嗣同出面请袁举兵，先杀荣禄，然后回兵包围颐和园。

袁世凯对维新派表面上满口应是，八月初五却逃回天津，初六就向荣禄告了密。

八月初四，慈禧太后由颐和园回城，住中南海仪鸾殿，第二天祭蚕神，当即回颐和园。回园顷接荣禄密电，马上用轻轿快班，重返南海瀛台。返瀛台后，即传光绪帝来见。她破口大骂，指斥皇帝忘恩负义，恩将仇报，并立即将其囚禁，自己则宣布重新“训政”，再次正式执掌朝政。

戊戌变法前后共历时一百零三天，历史上又称“百日维新”。变法失败，光绪帝的政治生命也随之终止。

慈禧与心腹荣禄商议立端郡王爱新觉罗载漪的儿子，十五岁的爱新觉罗·溥儁（一八八五～一九四二年）为皇帝。光绪二十五年（一八九九年）十二月二十四日，慈禧太后懿旨，溥儁入继穆宗同治帝为嗣，赏头品顶戴，号“大阿哥”。随后大阿哥在弘德殿读书，师傅为同治帝的岳父、承恩公、尚书崇绮和大学士徐桐。光绪二十六年（一九〇〇年）正月初一日，溥儁恭代皇上到大高殿、奉先殿行礼。慈禧太后预定庚子年即光绪二十六年（一九〇〇年）举行光绪禅位典礼，改年号为“保庆”。但京师内外，议论纷纷。大学士荣禄与庆亲王奕劻以各国公使有异议，各种势力也反对，建议此事停止。不久，义和团事起，载漪笃信义和团，认为义和团是“义民”，不是“乱民”。五月，载漪任总理各国事务大臣。日本使馆书记杉山彬、德国驻华公使克林德被杀，义和团围攻东交民巷馆。七月，八国联军进逼京师，慈禧太后同光绪等一行西逃，载漪、溥儁父子随驾从行。慈禧逃到大同，命载漪为军机大臣。十二月，以载漪为这次事变的祸首，夺爵位，戍新疆。光绪二十七年（一九〇一年），慈禧等回銮。途中，以载漪纵容义和团，获罪祖宗，其子溥儁因父获罪不宜做“皇储”为由，宣布废除“大阿哥”名号。加赏给入八分公衔俸。溥儁归宗，仍为载漪的儿子。后来他生活落魄，死得很是凄凉。

戊戌政变后，光绪被慈禧囚禁在南海瀛台，度过了最后十年没有人身自由的囚徒生活。故宫至今保存着一组一九二二年拍摄的中南海珍贵影像。

光绪三十四年十月二十一日（一九〇八年十一月十四日）傍晚酉刻（晚六时），三十八岁的光绪皇帝在瀛台涵元殿内，满怀忧愤地离开了人世。

↑ 光绪帝像

↓ 大阿哥溥儁

南海瀛台 一九一九年摄

↑ 南海瀛台

↓ 南海瀛台八音克谐亭

↑ 南海瀛台春明楼

↓ 南海瀛台春明楼院内

↑ 南海瀛台流杯亭 一九〇〇年摄

↓ 南海瀛台翔鸾阁 一九〇〇年摄

↑ 南海瀛台内琉璃花墙

↓ 南海瀛台石桥 一九二二年摄

南海瀛台翔鸾阁

↑ 南海瀛台翔鸾阁

↓ 南海瀛台藻韵楼

↑ 南海瀛台春明楼

↓ 南海瀛台香扆殿

南海瀛台宾竹室

↑ 中海风亭

↓ 中海万字廊

中海万字廊

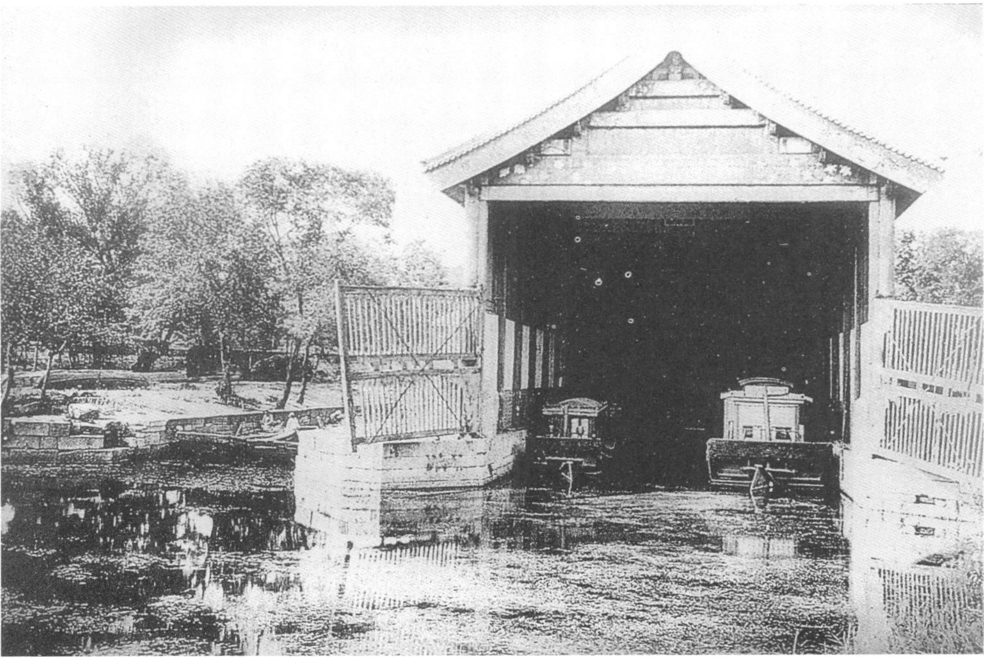

↑ 中海福昌殿

↓ 中海船坞

南海瀛台

國中之國小朝廷

大清帝国不复存在，末代皇帝溥仪却得以留居紫禁城中。外面的世界已经改变，而溥仪与这座宫殿，在局部范畴内依旧如昨。

十月二十日，即光绪帝病逝前一日，慈禧太后病笃。她在中南海仪鸾殿病榻上勉力支撑，宣军机大臣世续、张之洞、那桐进见，会议立储人选。

光绪帝无子女，世续认为方今“内忧外患”，应立年长者，慈禧拍床大怒。重病中的她宣下懿旨，立年仅三岁的载沣之子溥仪为嗣皇帝，命爱新觉罗·载沣以摄政王监国：

> 现予病势危笃，恐将不起，嗣军国政事均由摄政王裁定。遇有重大事件，有必须请皇太后懿旨者，由摄政王随时面请施行。

大臣将此意告知光绪，光绪因溥仪是自己亲侄，也表示同意，尤其对自己亲弟监国，十分满意。十月二十一日光绪帝病逝，第二天宣统帝尊慈禧为太皇太后，尊光绪之后为太后，称兼祧母后，上徽号：“隆裕皇太后”。

午间，太皇太后慈禧出现昏厥。她自感生命即将走到尽头，遂传旨今后国事由隆裕太后和摄政王料理。下午未刻（下午二时），七十四岁的慈禧太后在中南海仪鸾殿撒手人寰。

按照清朝旧制，太后崩逝后均在紫禁城西部的慈宁宫停灵，而慈禧生前并未与慈宁宫有太多瓜葛，按其遗命，慈禧的梓宫停放在她晚年的寝宫皇极殿内。次年九月三十日，梓宫奉移遵化普陀峪定东陵。在此前后将近一年的时间里，治丧活动共花费白银一百二十万两。

自慈禧病逝之日起，“祭祀之隆，无时或辍”。一系列的祭祀活动中，当属宣统元年七月十五日(一九〇九年八月三十日),为超度慈禧亡灵在东华门外焚烧“法船”之举规模最大。

旧历七月十五日是中元节，也即中国传统的“鬼节”。宣统元年的中元节，内务府营造司在东华门外特意扎制了一只庞大的御用法船。据说，在慈禧死后六十天过“奈河”时，就曾焚烧过一次船桥。当时正值腊月，河水封冻，官员们担心太皇太后不能得渡。可是，按照丧礼旧俗，同样的祭祀活动不能重复举行，否则会有“重丧”——百日内还会死人之虞。于是清室便托言盂兰盆会“中元普渡”之名，又制作了这只大法船。

法船需要若干工匠分工负责、分段扎制，共耗银十几万两。中元节之夜，文武官员列队前往东华门外送焚。监国摄政王载沣主持祭祀礼毕后，花费巨银扎制的大法船便在冲天的烈焰中化为灰烬。当时，人们从四面八方赶来观看，“感叹之声，不绝于耳”。

光绪三十四年十一月初九日（一九〇八年十二月二日）上午十一时，载沣扶着三岁的幼童溥仪在太和殿宝座即位。

载沣（一八八三～一九五一年）是奕譞的第五个儿子，清光绪帝爱新觉罗·载湉之胞弟。生于清光绪九年正月初五日（一八八三年二月十二日）北京太平湖醇亲王府内。光绪十六年（一八九〇年）袭王爵，成为第二代醇亲王。因义和团运动中德国公使克林德在北京被杀，他于一九〇一年被委派充任头等专使大臣赴德国道歉谢罪。光绪三十四年（一九〇八年）任军机大臣。同年十一月，其子溥仪入承大统，载沣任监国摄政王。次年代理陆海军大元帅。在清朝的最后三年中（一九〇九～一九一一年），他是中国实际的统治者。

载沣主政后，首先清除了当日祸害其兄光绪的袁世凯，命其开缺回籍养病。然后自任海陆军大元帅，并成立了实际上由皇族成员组成的内阁，使清朝最高统治集团陷入孤立。他性格懦弱，才疏识短，面对鼎沸的局势，屡屡举措失当，加速了清朝的灭亡。

一九一一年十月十日武昌起义爆发，宣统三年（一九一二年），在辛亥革命高潮中，内阁总理大臣袁世凯施展阴谋，迫使摄政王交出权柄，挟制清帝退位。清廷以宣统帝名义下罪己诏，接着由隆裕皇太后在养心殿六次召集御前会议；虽然与会王公大臣意见不一，但平时遇事无主见的隆裕太后在革命形势逼迫下，加以自觉不愿演出“同室操戈、涂炭生灵之惨剧”，最终作出赞成共和、放弃兵争之选择。

宣统三年十二月二十五日（即公元一九一二年二月十二日），隆裕以宣统帝名义在养心殿签发了《退位诏书》，年仅六岁的皇帝溥仪退位，清王朝结束。

中华民国临时大总统孙中山第一次来到北京，在社会各界欢迎大会演说时曾特意表示：隆裕皇太后赞成共和，交出皇权，可以称之为“女中尧舜”。

清帝退位次年的正月十七日凌晨，隆裕太后终因虚阳上升、症势丛杂、气壅痰塞而中风病逝，年仅四十有六。御前大臣那彦图等十人恭办丧礼，仍遵照清朝列后成案办理，上谥号："孝定隆裕宽惠慎哲协天保圣"，庙号为"景皇后"。逊清帝溥仪哀悼旨谕："朕以冲龄，钦奉皇祖妣孝钦显皇后懿旨，承继皇考穆宗毅皇帝为嗣，并兼皇考德宗景皇帝之祧……，兼祧皇妣大行皇太后……自去岁冬命以来，渐致违和。屡进汤药调理，方期日就安痊。不意服药罔效，远于正月十七日丑时，佴驭升遐……谨遵遗制，穿孝百日，并素服二十七日，稍申哀悃。"

中国历史上最后一位皇太后殡天后，民国政府特将灵堂设在太和殿内，扎素彩，挂挽联、孝幔、花圈等。灵堂中央悬挂隆裕太后的遗容，素彩上有"女中尧舜"的巨幅横匾，几筵前放置鲜花和饽饽桌，其供品陈设摞至二米余高。在殿内蟠龙金柱、红柱及殿壁四周皆挂满白布孝幔和挽联，这在明清两代是绝无仅有的。

太和门、午门、端门、天安门和中华门（大清门）前都扎素彩、搭牌坊，红墙上满挂挽联、孝幔及中华民国五色国旗和万国旗。袁世凯特让赵秉钧等政府军政大员与逊清御前大臣共同在太和殿内侍班守灵，步军统领衙门亦设值班官员，还专派了民国的仪仗队和军乐队及守卫人员前来参加丧礼，并下令全国下半旗志哀三日，穿孝二十七天。参议院还在正月二十三日祭奠之日休会一天。民国政府副总统黎元洪挽联称隆裕太后"德至功高，女中尧舜"。山西督军阎锡山挽联称："皇太后贤明淑慎，洞达时机，主持逊位，道高千古。"

二月十四日，在太和门前广场隆重召开了全国国民哀悼会。前往吊唁、祭奠的各界人士达数万人，并请众僧在太和殿内灵堂唪经。穿戴清式丧服的王公大臣和现代军服的民国大员于殿前间杂相列，共悼举哀，出现了紫禁城内空前绝后的特殊哀悼场面。

隆裕皇太后梓宫先停长春宫，后移皇极殿。其后用慈禧太后曾使用过的专列，经前门火车站将灵舆奉移清西陵，与光绪皇帝的梓宫一同葬入崇陵地宫，其神牌仍照例升祔奉先殿。

辛亥革命推翻了清王朝的封建统治，中华民国政府成立。根据双方签订的《清室优待条件》之规定，以清朝末代皇帝溥仪为首的逊清皇室，仍允许其暂时居住在紫禁城内廷，即保和殿后乾清门广场以北至神武门以南地区。

清逊帝溥仪在皇宫内廷居住期间，不仅大清皇帝“尊号”仍存，而且继续使用“宣统”年号，不用中华民国纪年，并享受中华民国政府对待外国君主之礼遇。这样，在紫禁城的内廷宫殿里仍有一些清朝遗老、旧吏向溥仪跪拜称臣，仍有所谓内务府、宗人府等衙署为清皇室人员操办各项事务，仍有护军和侍卫保护小“皇帝”和皇宫的安全，仍有大批太监、宫女专供小“皇帝”及皇室人员役使。

民国政府根据参议院的建议，虽于一九一四年十二月制定了七条“善后办法”，规定逊清皇室必须“通用民国纪年”，废止“与现行法令抵触”的一切行为，但溥仪小朝廷仍然我行我素，根本不把“善后办法”放在眼里。

明清两代皇宫内，每朝都曾使用大量太监和秀女供皇帝、后妃等使唤及差役。据史料载：“明朝费用甚奢，兴作亦广，一日之费可抵今一年之用。其宫脂粉银四十万两，供应银数百万两。……明代宫女至九千人，内监至一万人。”到了清代，其数目有所减少，按《钦定宫中现行则例》云：在宫中、圆明园及昇平署等处太监二千二百一十六名，秀女在三百以上。而清代各朝又都有所不同。嘉庆以前远不止此数，晚清宫中及外围等处太监只有一千五六百人。另外，每年到宫中担任杂役的“苏拉”等要有近万人次之多。

清代招募太监，由内务府会计司会同掌仪司办理。太监大多来自京城附近的大城、东光、南皮、昌平、平谷、静海等地贫苦人家。《总管内务府现行则例》中规定：“嗣后凡投充太监，该管大臣务须逐加选择，除在二十岁以内及虽在二十岁以外尚可选充毋庸置议外，若年岁过大或系别省之人，即奏明与亲王、郡王家内使用，另将该王家内二十岁以内太监送进当差。”太监大多从六七岁至二十岁之内挑选。符合者首先要“净身”，投充太监听其报明，有可阉割后，即令其自行投报内务府验明，再颁发给赏银让他们置装，送内当差。“所有交进太监，六七岁至二十岁者俱赏给银五两，二十岁以上者著加恩赏银三两。”

太监在内务府统辖之下。宫内外使用太监的地方和机构达七十余处，设在乾清门内西侧的“宫殿监办事处”即敬事房，是具体管理太监的总机构。内设宫殿监正副总管九名，为太监总首领，下设各殿、各宫及各门等的首领太监，分别统领为数众多的一般太监。这班人要负责宫殿打扫、宫门管理、库房保管、上饭端菜、送茶倒水，防火坐更以及奏事、站班、传旨、记录等事。其中御膳房一处除总管三名、首领十名外，太监达一百名之多。而宫中其他粗杂笨重劳役，则另有“苏拉”承担。一般太监日常都得小心从事，不能有半点疏忽大意，稍不留神就会触犯宫规受到严厉的治罪。在《钦定宫中现行则例》处分一项中，对太监各种罪的惩处条例，就多达数十条。动辄就罚月银数月至一年，并重打二十至六十大板不等。康熙二十年，玄烨皇帝在晾鹰台筵宴诸王大臣，太监王进等不知规矩，坐于棚下，每人被鞭责八十。乾隆帝身边的太监胡进在坐更时打了个瞌睡，被打四十大板。这还都是算轻的，重则："枷号一年，重责四十板，罚当下贱差使"，或"发往乌鲁木齐给兵丁为奴"。如犯偷窃罪，不管为首为从之人，"不拘绑赴城外何处，传齐众太监观看"，正法。

太监内部又有严格等级，大总管及首领太监是太监的上层，都按官衔和品级。如宫殿监督领侍、监正侍、执守侍、侍监等官职及四品到八品不等。按规定：总管太监最高不得超过四品，但也有例外。据档案记载："光绪二十年正月初一日，上交黄单，奉朱笔，储秀宫三品花翎总管李莲英，赏加二品顶戴。"其内在原因可想而知。

一般太监虽没有官衔和品级，但每月也有"分例"银米。《钦定大清会典》云："月给以银米：每月宫殿监督领侍给银八两，米八斛（每斛五斗），公费制钱一贯三百；宫殿监正副侍给银七两，米七斛，公费钱一贯二百；宫殿监银五两，米五斛，公费制钱一百文；执守侍、侍监给银均四两，米四斛，公费制钱七百文；其余太监，给银三两，米三斛，给银二两者，米一斛半，公费制钱六百文。"

太监大多数终生在宫中当差，有的被折磨致死。他们只有老病无力当差时，方可出宫为民。然而因久别家乡和被世人社会冷眼相待，出宫太监多无人相认，最后悲惨地死去。只有极少数上层太监，可捐款修庙，年老之后得以居于寺庙以终生，有的还可在寺庙中继续作威作福。

清代秀女分为两类："八旗秀女"和"包衣三旗秀女"（即宫女）。宫女地位较八旗秀女低，担任着后妃宫中各项杂役。据《国朝宫史》对后妃使用宫女名额云："皇太后宫十二名，皇后宫十名；皇贵妃、贵妃位下八名；妃、嫔位下六名；

常在位下三名；答应位下二名。”不过各寝居实用宫女比规定数要多，加之皇子、公主、福晋各宫的宫女，其数也相当可观。按规定：秀女每三年选阅一次。所有八旗女子，查明适应推荐者，缮写“绿头牌”，上写：“某官某人之女，某旗满洲人（蒙古、汉军，则书蒙古、汉军）年若干岁。”照例呈进，应选女子入神武门至顺贞门外恭候，有户部司官主持。至时太监按班引入，记名的留牌、不记名撂牌，有记名者，再行选阅。没入选者才能自行聘嫁。挑选的年龄和范围，是从十三岁（及岁）到十六岁（逾岁），上至皇后、妃嫔的姊妹，公主的女儿，下到八旗各官员、护军士、闲散壮丁的女子都应进宫送选。并规定：“如有事故不得阅选，俟下次阅，其未经阅选者，该旗统察参，照例治罚。……如有隐瞒，别经发觉，隐瞒之人，系官革职，系平人交刑部治罪。”到了嘉庆年间又有所改变。

按《钦定大清会典事例》云：“现在八旗满洲蒙古应行挑选女子人数渐多，其各项拜唐阿、马甲以下女子，……三品以下官员及兵丁姊妹女子，著不必备选。”“嗣后公主之女，著加恩毋庸入选。”而选八旗秀女将从皇后、妃嫔姊妹及亲弟兄亲姊妹之女至汉军文职笔帖式官以上，武职骁骑校以上官员的年满十三岁女子中间挑选。选中的秀女备为内廷主位，或为皇子皇孙拴婚，或为亲王、郡王及他们的子孙指婚。到了皇帝大婚时，皇后妃嫔以至贵人、常在、答应都从八旗秀女中挑选。康熙、同治、光绪皇帝都因年幼即位，大婚时就在选秀女中挑选皇后。包衣三旗秀女在宫中也有机会可以升到嫔、妃等级。选宫女是由内务府会计司负责，每年从包衣（家奴）凡年满十三岁的女孩中挑选一次。

据《清列朝后妃传稿》云：“嗣后挑选使令女子，在皇后、妃、嫔、贵人宫内者，官员世家之女尚可选入。如遇贵人宫内挑选女子，不可挑入官员世家之女，若系拜唐阿校尉、护军及披甲闲散人家之女，均可挑入。”具体选法与选秀女差不多，但只引看一次。每次引选之前，先将送选女子旗分，按年岁长幼，造册编排，一般每排五至六人。引见时立而不跪，不记名的撂牌子，而记名的也只是选用一部分，其余的也撂牌。名牌掷下，方准联亲，如未及岁（十三岁），即擅自定亲，不独有违例禁。挑选宫女主要是在紫禁城内的御花园，每人胸前挂一粗木小长牌，上写姓名、年岁等。一般宫女被选入宫后，主要供内廷各宫主位役使，处于奴仆地位，平时一言一行，都得严守规矩，不能嬉笑高声说话，要小心从事，稍有不慎，就要受到严厉处罚；一些年仅十二三岁的女孩，只因出身在包衣家庭就要无条件地送入宫廷去服役。

秀女被选入宫后，到一定年龄如未被皇帝看中成为嫔、妃、贵人等可以放出宫让其回家，按照《钦定大清会典》：“留宫女之至二十五岁，遣还择配。”但这些女子青春年华早已消逝。宫女服役到一定年限，也可以出宫。八旗秀女大多居住于后妃宫院内，宫女和一般太监所住之处大多是在各宫门附近的小屋，如今在宫内已不多见了。至于有权有势的大太监，不仅在紫禁城内有较好住房，像坤宁门内东西板房等，而且一般在宫外还都有专门的宅地。

太监与秀女制度民国时期依旧存在于紫禁城中，一直延续到溥仪出宫之时。

在紫禁城后三宫蛰居的逊清皇室“皇帝”的“后妃”们，仍然过着皇上陛下磕头喳喳的生活，还实行着一派清代宫廷旧礼仪。但是，居住在紫禁城外的遗老遗少们，即末代皇帝溥仪的叔侄以及皇族的其他亲戚们则随着时代潮流，大多剪了辫子，并换了装束。

可是，溥仪的辫子却不能动，不仅“太妃”们和溥仪的师傅们不同意皇帝剪辫子，就连已经自己剪了辫子的“皇亲国戚”们也绝不允许溥仪剪辫。

一九一六年袁世凯病逝，黎元洪继任大总统，段祺瑞为国务总理。时值第一次世界大战爆发，黎、段二人在对德参战问题上矛盾尖锐，遂发生“府院之争”。一九一七年六月中旬，张勋以入京调解为名，率辫子军三千人由徐州北上。他控制了北京城，迫使黎元洪解散了国会。然后他进紫禁城向溥仪请安，与帝师陈宝琛等密定了清室复辟的决议。七月一日凌晨三时，张勋身穿蓝纱袍、黄马褂，头戴红顶花翎，在民国政府参谋总长兼陆军总长王士珍、步兵统领江朝宗和辫子军统领等五十余人陪同下乘车进入紫禁城，正式拥立溥仪复辟。北京城中各家各户被令悬挂龙旗，街头身着清朝袍褂的人也多了起来；紫禁城外则由许多留着长辫子的军人荷枪实弹地把守。

然而，逆历史潮流而动的举措立即遭到举国反对。七月十二日，讨逆军进入北京。张勋兵败，逃入东交民巷荷兰使馆，一场复辟的闹剧就这样草草收场。

张勋或许并不知道，溥仪并不像他那样钟爱脑后的那根辫子。十四岁这年，一九一九年三月四日，父亲载沣和溥仪的中国师傅们向他引见了一位外国老师——英国人庄士敦，从此，溥仪的个人世界发生了极大的变化，著名的“皇上剪辫”事件就发生在这个时期。

据溥仪自己回忆，自民国二年（一九一三年）起，民国政府内务部曾几次正式给逊清皇室内务府来函，要求协助他们劝说旗人剪下辫子，并希望宫内人们也能剪掉辫子，然而，一直被种种理由搪塞。庄士敦任溥仪的老师之后，不仅教授英文，更多的是教溥仪做一个像英国绅士那样的人。庄士敦对溥仪的影响逐渐扩大，诸如溥仪爱西装，庄士敦便带来专制西服的裁缝，给溥仪定做了像英国绅士那样有派头的正经西服，而且不许溥仪穿着他派遣太监到街上买来的不合体的西服。溥仪曾回忆：庄士敦对中国人的辫子极为厌恶，讥笑它像个猪尾巴。庄士敦在《紫禁城的黄昏》一书中写道：其实“他（指溥仪）曾经表示过要剪去他背后那条辫子。他的叔侄以及皇族人员，多数已经把辫子剪去了，他也要剪，但宫廷那班人却说什么别人都可以剪辫子，独有他不可以，因为他是满族的主人，他要尊重祖先传下来的留辫子传统，万不可剪去。逊帝便不和他们争辩。某日，他突然传那个剃头太监来剃头，命他将辫子剪去。那个太监吓得面无人色，他想，如果奉命，必定受到严厉的处罚，说不定要拿他去杀头呢，于是哀求皇上另请高明吧，他万不敢动手将御辫剪掉，这个罪名他担待不起。逊帝见他吓到那个样子，一声不响的，走向那一个房间拿起一把剪子，亲手把辫子剪下了”。庄士敦的记载是可靠的。至今，故宫还保存着溥仪减去发辫的照片。

自从溥仪剪辫之后，一个月内，紫禁城逊清小朝廷内原先的一千五百条辫子一下子只剩下了三条。它们分别属于溥仪的三个师傅伊克坦、陈宝琛和朱益藩。不久，满文老师伊克坦逝世，于是，宫中便只剩下陈宝琛和朱益藩两条辫子了。

↑ 一九〇八年十一月九日，慈禧出殡

↓ 宣统元年（一九〇九年）中元节，东华门外祭奠慈禧，准备焚烧法船

一九〇一年七月十二日，十八岁的载沣（中坐者）以“头等专使大臣”名义离京赴德，途经香港时留影

↑ 载沣在香港与港督亨利・布莱克合影

↓ 醇亲王载沣

载沣朝服像

载沣与韫和、溥杰、溥任等九人合影

↑ 宣统帝溥仪与其父摄政王载沣

↓ 登基前在醇王府的幼年溥仪

↑ 一九一三年二月二十二日隆裕病逝。太和门前举行了隆重的哀悼会

↓ 参加隆裕哀悼会的各界人士在太和门前

设在太和殿的隆裕灵堂

隆裕哀悼会会场

隆裕太后出殡

一九一一年，六岁的溥仪与隆裕太后

↖ 执字第一百二十五号，重华宫殿上太监周得才，年五十三岁，新城县人

↗ 执字第一百二十二号，重华宫殿上太监王永福，年四十五岁，昌平县人

↙ 执字第一百二十号，重华宫小太监延龄，年五十一岁，任邱县人

↘ 执字第一百二十九号，重华宫散差太监张田寿，年五十岁，沧县人

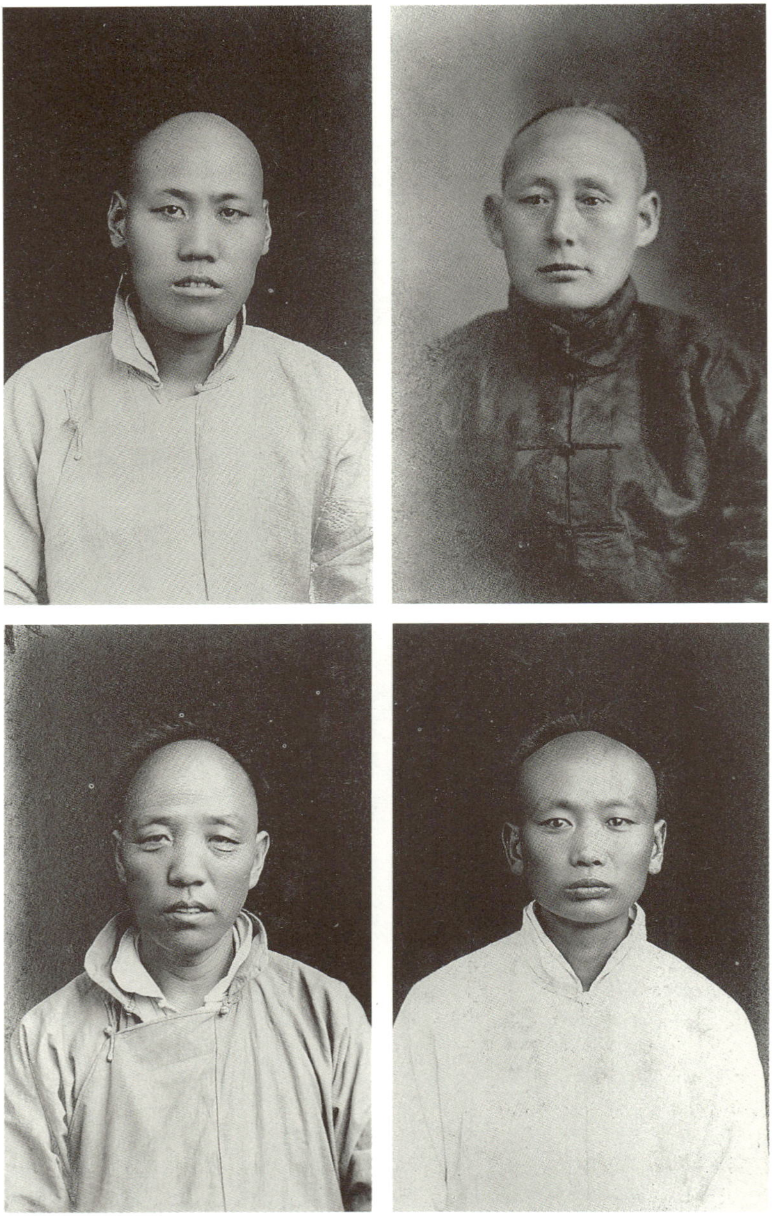

↖ 执字第一百二十六号，重华宫司房太监张双林，年三十岁，南皮县人

↗ 执字第一百二十七号，重华宫首领太监周得禄，年五十二岁，大城县人

↙ 执字第一百二十三号，重华宫殿上太监高恒茂，年四十一岁，沧县人

↘ 执字第一百二十四号，重华宫殿上太监胡得顺，年三十三岁，青县人

↑ 小太监抱狗

↓ 清宫四太监

太监在大高玄殿旁南广场

太监在养心门院内住所

↑ 太监在钦安殿前 一九〇〇年摄

↓ 太监在乾清门后当差 一九〇〇年摄

太监在太和殿内

一九〇〇年摄

← 太监在假山前

→ 太监在乾清宫旁当差 一九〇〇年摄

↑ 太监在乾清宫台基旁 一九〇〇年摄

↙ 太监在太和殿日晷前 一九〇〇年摄

↘ 太监在天安门石狮前 一九〇〇年摄

↑ 太监在天一门 一九〇〇年摄

↓ 太监在养心门当差 一九〇〇年摄

太监在雨花阁前当差 一九〇〇年摄

太监在御花园千秋亭前

在延春阁前列队待选的正黄旗秀女

← 溥仪乳母王焦氏半身像

→ 溥仪侍母张氏立像

← 当差的宫女

→ 当差的妈妈

小宫女立像

老宫女张玉春初侍慈禧，后侍隆裕，最后侍端康。这是她在玩秋千的照片

↑ 剪辫前的溥仪

↓ 溥仪剪掉的发辫

溥仪与他的老师朱益藩（左）、陈宝琛（右）在御花园养性斋前

↑ 袁世凯像

↓ 张勋像

复辟期间的溥仪在御花园 一九一七年摄

复辟期间的溥仪在乾清宫 一九一七年摄

溥仪的英文教师庄士敦

溥仪与端康、溥杰、毓崇在御花园

一后一妃選君側

身为皇帝，他并没能按照自己的意愿决定婚姻大事。各派势力经过较量之后，将一位美丽的皇后和可爱的皇妃送到了他的面前。

逊清皇帝溥仪结婚，已到了民国年间；然而从议婚到结婚，基本上仍延续了原来清朝皇室的传统做法。其时，蛰居后三宫的“皇太妃”们（指同治帝、光绪帝的妃子），召集了十位王公议论溥仪的婚事，先后长达两年之久。清代以往几位先帝（当王子时结婚的除外）的婚姻，除了由当时的皇太后、皇太妃们以及有关王公大臣议婚外，最后选谁，还要请皇帝本人亲自当面挑选择定。据说同治皇帝和光绪皇帝的婚姻就是这样操办的。届时择好吉日，把候选的姑娘们一起召进皇宫内来，排成一队，由皇帝面对面地相亲。皇帝则准备了玉如意一柄、绣荷包一个，喜欢谁，便把这两件定情信物递给谁。被递与玉如意的姑娘，便就是将来的中宫皇后，接到了绣荷包的姑娘，就将被纳为妃子。

光绪皇帝在慈禧太后的淫威逼迫下，不情愿地将玉如意丢给了他的表姐、慈禧的侄女又是外甥女即后来的皇后隆裕（隆裕系当皇太后时第一次上的徽号）。可是，二十世纪二十年代的中国，已经由西方传入了照相技术，人们进照相馆摄影已成为时尚。随着时代的发展，溥仪的择偶就将当面相亲改为挑选姑娘照片的办法。

清朝的遗老们以与逊清皇帝联姻为荣事，可以光耀门庭。凡是原满蒙王公和旧臣们，家里倘有适龄的待字闺中的千金小姐，纷纷争相往来于十位旧王公府第，送上名门闺秀的照片，拜托促成其事。当时曾参与其事的载涛家里就收到不少照片，据载涛的儿子溥佳回忆，当年他父亲书桌上的姑娘玉照多得都可以装订成册。这是婚姻政治的反映。

溥仪虽已退位，然而遗老遗少们不甘心退出历史舞台，围绕溥仪婚事折腾来折腾去，极力地争议了一番。暂居后三宫内的太妃们和宫外的旧王公们逐渐形成了两种观点，两派互不相让。而溥仪议婚时只有十五岁，还不是个成年人，生活在小朝廷的圈子中。刚刚步入青年的溥仪，在英国师傅庄士敦的熏陶下，一心想出洋，离开紫禁城。但囿于种种阻力，出国又不成，一切仍都得听命于太妃们和旧王公们的摆布。后来他又听从了庄士敦的劝告，即按照我国旧俗，男子成婚即成人，便有了当家独立自主的权力。在此动机下，溥仪答应了太妃们和旧王公大臣们的商定，同意结婚。他没有什么主见，也没有什么标准，尚未意识到这是人生终身大事之类的问题，对于身边两派之间的争论也不十分明理，从而议婚几起几落，举棋不定。从一九二一年年初议婚至一九二二年年底，几乎经历了两年，才把婚姻大事定了下来。

皇太妃和王公们最后给溥仪推荐了四位姑娘，请逊清皇帝自己选择决定，用遗老们的话说，即请“圣裁”“钦定”。溥仪在四个姑娘照片中选来挑去，比较不出谁丑谁美，他最初选中的是文绣，认为她生得端庄，可是后来文绣却变成了“淑妃”。文绣是载洵及敬懿太妃所主张和支持的溥仪配偶对象；溥仪的选择，引起了端康太妃的不满。

溥仪继位后，瑾妃尊为“兼祧皇考瑾贵妃”，尊徽号“端康”。隆裕死后，在袁世凯的干预下，瑾妃成了四妃之首。自此，这位在隆裕面前低声下气的妃子，扶摇直上而得意忘形。她效法慈禧玩弄权术，动辄训斥、责打太监，像慈禧对待光绪那样来控制溥仪。她借故发落了溥仪身边的太监，把自己的亲信派到养心殿，名为侍候皇帝，实则进行监视。

端康不顾敬懿太妃（同治帝妃子）的反对，向溥仪直率地提出了选择婉容为皇后的要求。婉容由载沣、载涛等人推荐，端康也非常认可，他们以婉容家境富有、姿容美貌为由来劝说溥仪重新选择，没有主见的溥仪当即同意了这个意见，愿结这门亲事，糊里糊涂顺从地重新选择婉容为“皇后”。在太妃和王公们的建议下，文绣被改纳为“妃”，理由是被“皇帝”相中了的姑娘，就不能再“改嫁”给平民百姓。

婉容字慕鸿，郭博勒氏，达斡尔族人，属满洲正白旗。祖籍黑龙江省龙江县牡牛屯，曾祖父长顺曾任清代吉林将军，父亲荣源，母亲恒馨，系清代皇族毓朗贝勒的女儿。婉容于光绪三十一年九月二十七日（一九〇五年十月二十五日）出生在北京地安门外帽儿胡同十二号，比溥仪略大几个月。根据民国初年颁布的优待清室条件第一条，“大清皇帝尊号仍存不废……”。可以说婉容是紫禁城中最后一个“皇后”。

文绣是满洲额尔德特氏端恭的女儿，又名蕙心，自号爱莲，幼年读书时以及与溥仪离婚后都用傅玉芳之名。镶黄旗。祖父锡珍，官至吏部尚书。父亲端恭虽系长房，但一生不得志；母亲蒋氏，汉族人。文绣于光绪三十五年（一九〇九年）

出生在北京东城安定门内大街方家胡同，幼时父亲逝世，其母抚养文绣三姐妹，艰难度日。

文绣的待选照片是一张半身像，她梳着二把头，身着旗袍，外罩坎肩。照片高十三点七厘米，宽九点四厘米，贴在一张三十二开用本色绢裱衬的薄纸板上，绢纸板高二十三厘米、宽十五点五厘米。绢纸板又贴在灰色折叠硬纸板上，如同活页夹子，可以打开或合上。绢纸板和硬纸板大小基本相同。在该照片的右上角即顶着绢纸板的右上角，贴着大红纸条，恭楷墨书："端恭之女额尔德特氏年十五岁"十三个字，这是对未出阁女子的提法，十五岁是虚龄。文绣待选照是在北京容光照相馆拍摄的，因为在照片的下端即绢纸衬上有该照相馆"容光"两字和英文拼音的标记，并注有"北京廊房头条"的地址，说明该照相馆在前门。硬纸夹板的背面还贴有"国立北京故宫博物院古物馆"的标签，并写有"溥仪妻文绣便服照片"和标明"吕三九二""一张"及"养四四三二"等字样。这些痕迹说明，故宫博物院刚成立，这张照片就被作为文物珍藏起来，同时也告诉我们，溥仪出宫时，该照片藏于溥仪的寝宫养心殿。

溥仪的婚姻，保留着清代皇帝的传统，沿袭着一夫多妻制，纳了一"后"一"妃"。纳为妃子的文绣虽是被溥仪首先相中的姑娘，却败于"宫廷太妃"和"王公"们之间的派系斗争，不得不屈就。溥仪的大婚于一九二二年十二月一日在紫禁城内隆重举行。按清皇室祖制，皇后的册立礼应在大婚前一天举行，妃子的册封仪式则在大婚后的满月举行。据现存档案《皇后册文》记载，大婚和皇后册立礼是在同一天举行的；而《淑妃册文》则说明妃子册封仪式是在一九二三年一月四日举行的。按规矩，淑妃文绣于大婚的前一天走入紫禁城，住进了长春宫。

婉容、文绣都很清秀，她们各自的朝服大妆全照以低调摄影表现其宁静肃穆、端庄深沉、柔顺细腻的特点，其意境带着几分神秘，其手法均极度简炼，又不失交代表现出特定的环境。从视觉上说，较暗的背景衬托出较亮的人物主体，造成了主次分明的艺术效果。照片显得干净利落，韵味独特。

婉容半身像

婉容半身像

↖ 婉容立像

↗ 婉容立像

← 婉容立像

婉容手持团扇立像

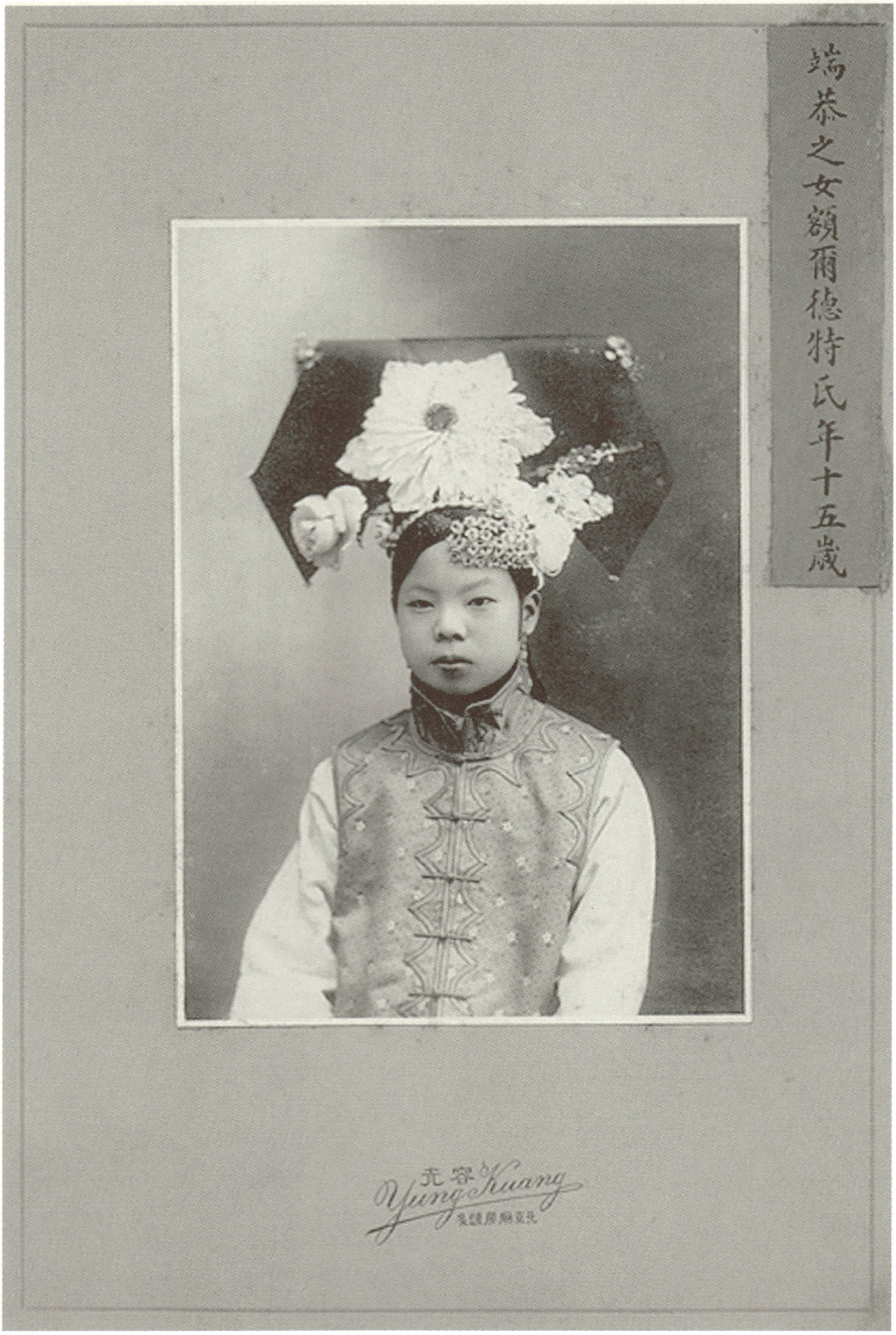
端恭之女額爾德特氏年十五歲
容光
Yung Kuang

文绣送选照片

↑ 一九二二年大婚前的溥仪

↓ 溥仪大婚时，警察在神武门前护卫

婉容大婚时朝服像

婉容大婚时朝服像

文绣入宫时朝服像

文绣入宫时朝服像

↑ 溥仪大婚时坤宁宫东暖阁洞房东面所挂“寿”“喜”字及棉门帘

↓ 坤宁宫内西喜床上方“日升月恒”横匾及龙凤双喜帐

↑ 溥仪大婚时坤宁宫东暖殿正间雍正御笔“位正坤元”匾及屏风、宝座、缎绣百子靠背、迎手和坐垫

↓ 溥仪大婚时坤宁宫内东喜床龙凤双喜幔及北墙双喜字贴落、对联

↖ 溥仪大婚时坤宁宫内靠背、迎手、坐褥、羊角喜字灯及北窗双喜字

↗ 坤宁宫内景

↙ 坤宁宫陈设

↘ 坤宁宫东暖殿西间西墙贴落、坐椅、架几案及案上陈设

储秀宫浴室

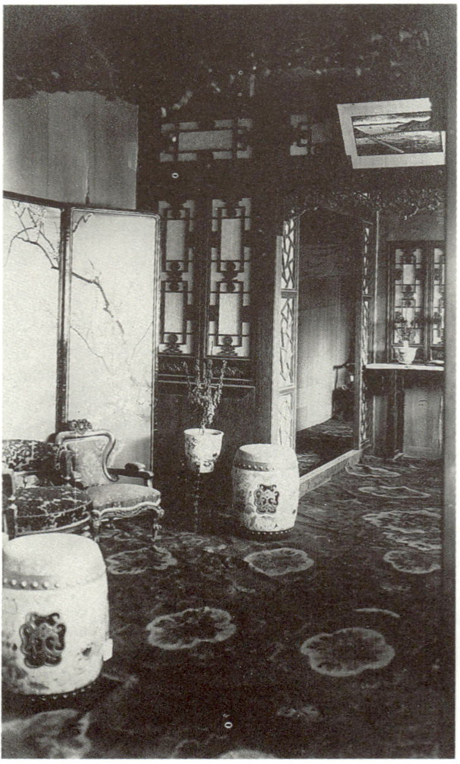

↑ 养心殿卧室

↙ 养心殿内的地毯、绣墩

↘ 长春宫内部

溥仪、婉容大婚当日接见来访的外国宾客

大婚后的溥仪与婉容

婉容与文绣

婉容、文绣与唐石霞在御花园

紅牆黃瓦自悠暇

居住紫禁城中，与外界是如此隔膜。

小皇帝虽然也有志向，也有怀抱；但更多的日子，仍是乐不思蜀的悠暇与洒脱。

溥仪逊位之后，仍寝居宫中内廷部分，维持小朝廷的生活达十三年之久。可以说，在紫禁城的日子里，溥仪的生活大多是闲适而悠暇的。禁城朱黄四方天地，久住难免发腻。成年后，他开始迷恋西洋事物，不仅爱穿西装，用西洋装饰、餐具，玩钢琴、网球、汽车等西洋物品，还尤其喜照相。溥仪曾照过一张“分身像”。当时较为通行的是照两张，然后合成一幅或采用两次遮挡曝光的手法完成。而这张“分身像”看上去达到了乱真的地步。它足以证明摄影师现场拍照及暗房加工工艺的高超娴熟的技巧和创作水平。

为了自寻乐趣，溥仪时常手持德国蔡司相机，于紫禁城中拍摄小照，寻找有趣的生活片断猎取镜头。其中尤属溥仪和皇后婉容照片最多，数量均在百张以上。溥仪着朝服、便服、西装革履像，上房骑马、浇花打拳的生活小照以及与相貌凶悍的德国纯种大狼狗“泰戈”的合影，花样繁多，皆不相同。

溥仪拍照为出新意，独出心裁，穿上特派太监出宫给他置办的民国将领的军服，佩宽皮腰带及军刀，足蹬马靴，端坐于寝宫前一把西式皮榻转椅上照了一幅戎装像，显得很是威风神气。此事传到端康皇太贵妃（瑾妃）耳中，使其大为震惊。端康当即将溥仪传去盘问，训话之际，竟发现皇帝还穿着太监从宫外买来的洋袜子。端康认为这是极有失体统的大事，立即命人把当事太监李长安、李延年二人传唤至永和宫，按宫法每人重责二百大板，发落到宫内打扫处去充当苦役，同时对溥仪严加申饬了一顿。她训斥道："大清皇帝穿民国的衣裳，还穿洋袜子，这还像话吗？"溥仪听罢，只得乖乖地摘下洋刀，脱去马靴洋袜，让太监收起那还没穿热的军服，换上裤褂和绣着龙纹的布袜。

溥仪喜欢养狗，爱犬多达一百多只，其中不仅有中国的各种名狗，还有各种外国狗。家犬、警犬，有大有小，黄、黑、花毛色各异，每头都有名字，系以牌号，如紫球、蓬头、蝴蝶、紫狮子、小闹，等等。在众犬之中，溥仪尤其喜爱洱犬。他不惜花大量的金钱，通过各种渠道购买英国的大虎形犬，如泰格、欢儿、鹏特等便是从英国购买的。还有从德国购买的警犬，如兰儿、巴拉姑、三儿、赫典等。在洋犬当中，溥仪最喜欢的是德国警犬。一九二二年春季，内务部警犬研究所所长钱锡麟将专门训练过的三只德国警犬送给溥仪，一只是大白牡犬叫班娣，一只是大黄儿犬名胖兔，另一只是大黄牡犬叫瑞接提。溥仪每天闲暇时便驯犬玩乐。他训练了十分驯顺机敏的两只警犬，一只叫佛格，一只叫台格。溥仪令它们寻东西，它们便能很快地把主人藏的物品找出。溥仪命它们咬人，它们便凶猛地向对方扑去。

溥仪养的犬，派有专人喂养，每天喂的都是猪肝、牛肉和米饭之类的食物，为此花费了大量的钱财。根据现存的狗食账单来看，每天喂狗要用米五十斤左右，牛肉二斤，猪肝十二斤，以及其他食物，大约每月要花费三百多元，这样全年就需狗食费三千六百多元。狗生了病，请专门医生医治。东单牌楼北路西通愈堂的刘长森就是经常去皇宫为狗看病的医生之一，为狗看病花的医药费、车马费也不少。

在现存影像中，留有多帧反映溥仪与爱犬嬉戏的照片。如溥仪与“国舅”润麒在养心殿前的一幅合影中，就有一只狼狗蹲坐在一侧，样子十分凶悍。这位喜欢搞恶作剧的“皇帝”很爱看狗打架，有时心血来潮，还放狗扑咬太监取乐。当时，小朝廷中的其他人也都以养狗为乐。“皇后”婉容、“淑妃”文绣和端康太妃等，都有与小狗合影的照片存世。一些地位较高的太监、宫女，也大都豢养自己的宠物。有个掌案太监还花五百块大洋买了一只西藏狗，专门由一名太监负责喂养。这只狗大得像一头小驴，全身都是虎皮花纹，头上有一“王”字。溥仪发现后很是喜欢，太监只好把它献给了皇上。

溥仪也非常喜欢骑自行车，他的第一辆车子是其大婚时伴读溥佳所送的礼物。当时，贪玩的溥仪一见到这种新鲜玩意儿，心里非常高兴，于是不由分说，开始练习起来。陈宝琛师傅得知此事后，还把溥佳狠狠地申斥了一番：“皇上是万乘之尊，如果摔坏了，那还了得，以后不要把这些危险之物进呈皇上。”不过，溥仪并没有摔伤，开始时还要由几名小太监护驾，才能勉强骑上一段；但没过几天，他不仅可以上下自如，而且还能随心所欲地卖弄花样，绕着大树走“S”形。

此后，溥仪就对骑自行车产生了浓厚的兴趣，几乎每天都要骑着转上几圈。为了方便骑车，他命人把养心殿到御花园的门槛统统锯掉，然后搁置在门旁一对特设的汉白玉石座上，有的宫门下面还有石阶，于是又在上面安置了木坡道，骑车时可随时取下木门槛，安上木坡道，就可以畅行无阻了。这也是现在紫禁城内廷活动门槛的由来。

除了闲散的生活照外，溥仪还留下了在故宫进行外事活动的影像。一九二四年，泰戈尔访问中国。他一面受到梁启超、蔡元培、胡适、蒋梦麟、梁漱溟、辜鸿铭、熊希龄、范源廉、林长民等大批中国学者名人的欢迎，另一面也遭到鲁迅、郭沫若等另面知识分子的敌视和批判。

四月，闻名欧洲的泰戈尔来到北京，庄士敦特地登门造访。在庄士敦的精心安排下，泰戈尔进入了神秘的紫禁城，见到了已经逊位的末代皇帝溥仪。在御花园养性斋畅谈后，溥仪还专门设宴招待。陪同会见的还有庄士敦、泰戈尔的印度随行人员鹤谷、英国作家伊连赫、英国女记者戈林以及清室内务府大臣郑孝胥。庄士敦曾这样回忆：

> 泰戈尔来中国之时，正值外国影响在学术界和其他各界产生作用之际，这使他的访问陷入困境；他对年轻中国的呼吁——要珍惜自己民族优美而高尚的文化遗产——受到了一些学者听众的冷遇，甚至受到敌视。我希望泰戈尔在他没有看一眼一向具有礼貌和尊严的中国之前，不应离开北京。于是我向皇帝谈及泰戈尔，并请求允许他到紫禁城来。我也向皇帝展示了一些泰戈尔的英文和中译本的诗作。皇帝立即答允了我的请求，会见在御花园我的亭阁中进行。此次会见肯定使皇帝愉快，我想这位诗人也同样感到高兴。

泰戈尔的中国之行并不成功，与溥仪的相见，或许给临别的他带来了些许开心和宽慰。会见时，泰戈尔郑重地将自己的一幅画像赠与溥仪，他们还在御花园四神祠前合影留念。直至今日，珍贵的画像和照片依旧完好地保存在故宫博物院。

与溥仪相比，婉容在镜头前则更显得活泼可人。婉容在紫禁城的“皇后”生活不及两年。在照片中可以看到她的朝服像、宫妆照，也有即兴小闹剧似的生活照，如载西洋眼镜、吹箫持扇、登高爬树、骑脚踏车及用太监的帽子做道具所拍的相片，姿态各异，皆饶有情趣。这个时期，婉容在宫廷的生活比较得意、轻松。婉容生性活泼，受过近代学堂教育，喜欢养小动物，尤喜摄影，还喜欢到“红墙黄瓦黑阴沟”以外的地方去游玩。

一九二三年盛夏，溥仪偕同婉容、文绣，连续三次到景山去游玩，当时的《顺天时报》报道:“清帝宣统昨日（七月三十一日）午刻偕同清后（婉容）、淑妃（文绣）、伊弟溥杰，率领御前侍卫、汉罗扎布、乌拉喜春、荣源、锡明、广寿、文锜、讷钦布、溥坪，及内务府绍英、耆龄、宝熙三大臣，带领护军，出神武门，游览景山，参观北京全景。并在正中亭上饮食啤酒、汽水、饼干，颇有兴趣。至下午五时，仍由原路回宫……”

年轻的皇帝和皇后游景山，逛颐和园，而且双双多次乘车去后海醇王府探视老福晋（醇贤亲王奕譞的侧福晋、溥仪的本生祖母刘佳氏）的病况。这可把逊清内务府官员和毓庆宫的师傅们急坏了。“天子”随便出宫，与“祖宗家法”相忤，他们于是定于农历七月初四日开学授课，以此来约束、限制溥仪的行动。

溥仪与婉容的游园、探亲活动在开学以后显著减少了，但关于他俩双双出宫的消息，在社会上时有流传。比如他们在一九二三年十二月二十二日，会一起赴醇王府“省视醇王之二太福晋”，一九二四年一月十三日，他们会一起为溥杰结婚而“赴醇王府受双礼”，一九二四年二月八日，他们会一起赴醇王府“与醇王庆祝寿辰”等等。婉容在宫中除去学习英文和“国学”以外，还绘画、弹琴、写信、搞游戏、摄影。故宫博物院现存的婉容的照片，有些身体微微前倾、头微垂、双手交叉扶在膝间，显得雍容高贵，温存典雅，颇有教养，是典型的“中国古典美人”，而表现她活泼伶俐、富有青年女子装点的照片却并不多见。这里看到婉容在紫禁城内的照片，展现了她初婚时期的精神状态。

从故宫博物院旧藏婉容的很多照片来看，婉容长得确实亭亭玉立，楚楚动人，身材适中，瓜子脸，弯弯的双眉，有神的双眸，皮肤细白，又有大家闺秀的风度。可惜婉容只活了四十一岁，一九四六年八月，她因精神分裂症，客死于吉林省敦化县。

婉容吸鸦片烟事出有因。溥仪等迁入天津后，发现婉容有精神疾病且时时犯。为了给婉容治病，溥仪同意让她吸点儿鸦片烟尝试，鸦片有镇静的作用。原来，婉容的父亲荣源就患有精神分裂症，当时他就以吸鸦片烟来治疗。婉容的精神病完全系遗传因素所致。

在紫禁城内的两年间，婉容既未发现有精神分裂症，也不吸鸦片烟，倒是颇有点“皇后”的气度，她摄掌后宫之事，并常和文绣往来。外界传说她们“后”“妃”间争风吃醋，那是到天津后由于各种原因慢慢酿成的。紫禁城内居住的婉容、文绣和溥仪刚刚结婚，他们的日子才起步，感觉很新鲜，三人又都很年轻，不过是十几岁的孩子。倒是婉容觉得自己是个“皇后”，该有“皇后”的大度，文绣年龄又小，对文绣，她凡事则要主动些，担待些。婉容与文绣经常在一起游玩，一起读书，一起照相，共同消磨时光。应该说，那时的“后”、“妃”之间尚能和睦共处，基本相安无事，溥仪与他们妻妾间也有过一段甜蜜恩爱的日子。

婉容在结婚前就学会了抽香烟，当时社会上这是有钱人家青年女子的一种时髦嗜好。婉容在紫禁城内经常抽香烟，留下了手持香烟的照片，还有溥仪为之点烟的镜头。后来婉容抽上鸦片，依然离不开香烟。溥仪原本讨厌并反对抽鸦片，但为了给婉容治病，他逐渐默许。谁料婉容后来竟成了瘾君子，并从此一发不可收拾，她的精神病非但没有治好，还变得愈来愈严重。婉容犯病时，溥仪不让他人看见。据说，在长春伪宫时，婉容的病已很严重，不理发，吃生羊肉片，有些瘆人。当时医学知识贫乏，缺少好的治疗方法，加上后来溥仪生理上有病，夫妻双方缺乏感情，婉容逐渐被冷落。

因病痛的折磨和人为的摧残，婉容最终郁郁而死，绝非偶然。

文绣从小由其母亲蒋氏抚养，上过小学，喜欢读书。十五岁虚龄入宫后，她曾将其闺中的诗文和日记带进宫内。溥仪等被赶出宫后，在文绣居住的长春宫西厢书斋中发现了她的日记簿，内中记有日记以及《吊苑鹿》《咏红楼梦》等短文，以及《无题》无言诗一首：

静坐闲挥扇，垂帘避暑风。

鸟翔双翼展，飞舞在晴空。

文绣爱读书且内秀，在长春宫居住的两年间，经常闭门读书，并不断教宫女认字。溥仪不仅给她派了汉文教师朱益藩，授四书五经等课程，还请来了英文教员，教授英语。溥仪等一九二四年被赶出宫后，在储秀宫、养心殿等处，发现了“皇后”婉容和“淑妃”文绣的书札和诗文往来。

溥仪给婉容、文绣拍下了不少照片，它们大多不拘一格，随心所欲，幽默新颖，动静和谐，毫无矫揉造作之感。加上不同角度的运用所烘托的欢乐明快的气氛，更使观之者颇受感染。其中文绣手不释卷的照片有多幅，可见她照相时还忘不了书。宫中的生活十分淡泊，书籍成了文绣重要的陪伴。

紫禁城后三宫花草树木栽植不少，盆花四时不断，鱼虫奇巧，昔日皇帝的家庭庭院内生机盎然。

有一幅宫廷历史人物旧照里，三位女士正在观鱼，中间穿黑马甲的就是端康。另外两位年轻女子，右为端康的内侄女唐石霞。延禧宫内摆放了不少的大木盆和大缸，在照片前方尚能依稀辨认椭圆形的大木盆内盛着很满的水。可见，昔日皇宫内饲养了不少供以观赏的金鱼。

照片的背景延禧宫是东六宫之一，在景仁宫之东。道光二十五年（一八四五年），延禧宫被焚于火灾，烧前后殿和两进院落的东西配殿等共二十五间房屋。照片上不见延禧宫的宫殿建筑，只见金属构架的现代建筑，这就是很少被外人知晓的皇宫古代建筑群中的一座独领风骚的西洋水晶宫。延禧宫改建水晶宫，一说在咸丰年间，一说在宣统时期。据《清宫述闻》载："大内御花园之东有土阜一区，向以日者之言，不宜建筑，宣统己酉兴修水殿，四周俊驰，引玉泉山水环绕之。殿上窗棂承尘金铺，无不嵌以玻璃。孝定皇后自题匾额曰'灵沼轩'，俗呼为'水晶宫'，辛亥之冬，尚未毕工也。"己酉年即宣统元年（一九〇九年），孝定皇后即光绪皇后，亦即隆裕太后。可见，水晶宫的建设与隆裕有关。光绪皇后向无家学，进宫后喜学书法，宣统初年曾以草法书匾联延春阁，并附庸风雅自署斋名。可惜，延春阁一九二三年焚于火，而水晶宫现亦已不复存，隆裕的书法墨迹也随之灰飞烟灭。一九一七年张勋复辟时，延禧宫北面内部还被直系军队投掷的炸弹毁坏过。

《清宫述闻》记载：水晶“宫立中央，凡三层，层九间。又四角各有一亭。计三十九间。以铜作栋，以玻璃为墙，四望空明，入其中者，如置身琉璃世界。墙之夹层中，置水蓄鱼。下层地板亦以玻璃为之，俯首而窥，池中游鱼，一一可数，荷藻参差，青翠如画”。从这则史料来看，水晶宫似乎养过鱼。然而，端康照相时，水晶宫内似乎已不蓄水养鱼，却采用椭圆形的木质大盆或大缸将其养在庭院园内。

这座水晶宫建筑，所有大小柱子均为铁铸而成，四出回廊；正殿为九间，内有四根铸蟠龙纹铁柱，上层杀小中间为八棱形铁柱构件组成；四角设亭，亭为六角形，二层，下层设四窗二门，一门开在正殿内，一门在回廊上。整个建筑大部分用石块砌成，雕花墙面，内墙有白色和花色瓷砖，石须弥座台基，墙面只有极少部分为砖砌，但石面尚未全部雕凿完成，例如临近北面大门的西窗，还仅是毛坯，还有须弥座石台基也大部分尚未刻雕花纹。所有石块均为汉白玉石，石质略粗糙，呈蛋青色，属晚清建筑无疑。可以说，水晶宫是个洋式建筑，大多构件为铁铸和石块。

这帧照片对研究紫禁城宫殿建筑沿革变迁，研究皇宫饲养观赏鱼类，研究宫廷历史，都有一定的参考价值。

逊清时期的宫廷照片不再带有清末摄影那份拘谨和做作，影像画面中的人物性格更加突出，表情更加丰富。它们大多构图新颖，意境清新，影调丰富，多彩多姿。这些摄影作品的风格是朴实生动的，题材是简洁明快的，浸透着浓厚的生活气息和情趣。

↑ 溥仪与庄士敦、溥杰、润麒在养性斋楼上

↓ 溥仪与润麒在御花园天一门东南的赏亭前

溥仪、润麒、溥杰与庄士敦在御花园

溥仪、溥杰、润麒在钦安殿后汉白玉石栏上

↑ 溥仪在养心殿前看怀表

↓ 溥仪背影立像

溥仪坐在养心殿东暖阁窗台上看书

溥仪戎装坐像

溥仪在紫禁城宫殿黄瓦上

溥仪在养心殿院内花丛中

溥仪在浇花

↖ 溥仪给一宫中女子照相

↗ 溥仪在打球

← 溥仪在殿前练拳

↓ 溥仪与润麒嬉闹

溥仪、婉容与润麒、铁格格、韫娱、韫和、韫颖在御花园养性斋前

↑ 身穿日本盔甲的毓崇

↓ 身着戏装的润麒（右）

婉容与她的英文老师在一起

婉容与庄士敦及自己的英文老师在一起

↖ 手拿相机的婉容

↗ 把玩相机的婉容

↓ 把玩相机的婉容

↑ 婉容为端康太妃（瑾妃）照相

↓ 婉容所摄端康坐像

↖ 端康（瑾妃）与婉容在建福宫玩小车

↗ 婉容抱小狗立像

↓ 婉容抱小狗立像

婉容与她的小宠物

婉容在宫内骑车

婉容与身后随侍的两个太监

↑ 婉容在翊坤宫前

↓ 婉容坐像

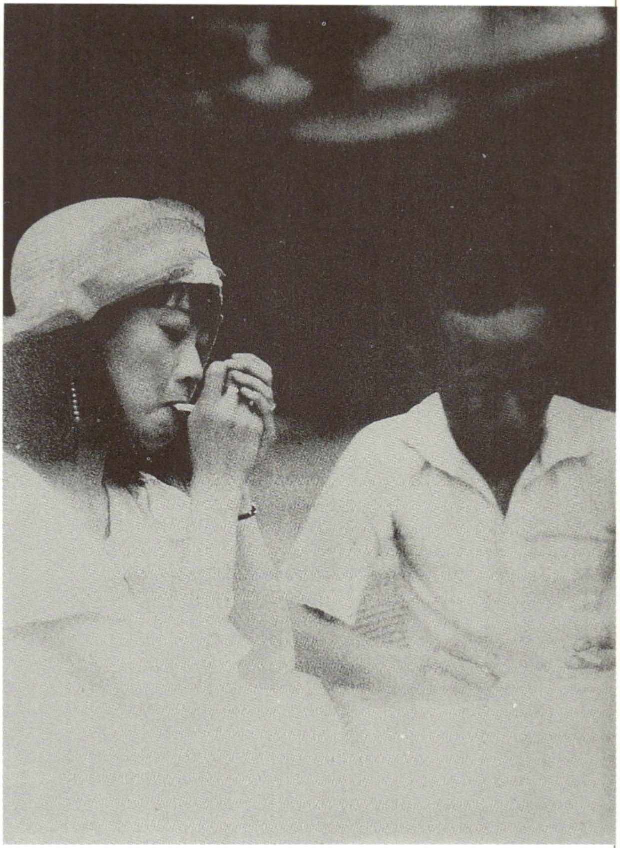

↖ 溥仪给婉容点烟

↙ 手拿烟卷的婉容

→ 抽烟时的婉容与溥仪

↑ 婉容的两位英文老师

↓ 婉容的英文老师逗小狗

↑ 文绣低头玩相机，左后侧跟随着两个太监

↓ 婉容与文绣

婉容、唐石霞、文绣与铁格格在御花园

婉容

文绣

读书时的文绣

↖ 溥仪、溥杰、润麒在景山万春亭前

↗ 婉容与其母亲恒馨在景山

← 婉容与文绣在景山

← 宫内圈养的鹿群

→ 宫内豢养的小猴

↖ 宫内豢养的麒麟狗

↗ 宫内豢养的黑狗

↓ 宫内豢养的花豹

↖ 宫内小狗在菊花丛中

↗ 宫内两只黑白相间的小狗在座椅上

↙ 宫内戴帽子的小狗

↘ 宫内嬉闹的小狗

← 宫内饲养的小驴

→ 室外盆花、藤椅、四方藤桌

端康（瑾妃）与唐石霞等在延禧宫观金鱼

↑ 太监在养心门院鱼缸旁

↓ 延禧宫内水晶宫

泰戈尔赠给溥仪的画像

↑ 溥仪与泰戈尔在御花园四神祠前

↓ 泰戈尔在景山庄士敦家门前与林徽因、徐志摩等人合影

太監縱火延春閣

一场大火 烧毁了无数奇珍 也拉开了紫禁城遣散太监的序幕 历史就这样以偶然的方式 走向了必然

一九二三年六月二十六日夜，紫禁城西北部建福宫区的德日新殿敬胜斋两室突然起火。火势很快蔓延开来，一直燃烧了十个小时之久，不仅将这一区域内以延春阁为主的数百年的雄伟建筑付之一炬，而且宫内收藏的无数奇珍异宝也全被烧毁。

建福宫区域包括延春阁、静怡轩、慧曜楼、吉云楼、碧琳馆、积翠亭、广生楼、凝辉楼、香云亭、中正殿等建筑，共有殿、亭、楼、阁三四百间。这里的建筑宏伟壮丽，各楼阁里除了平时供奉的大量金佛、金塔和各种金质法器外，还收藏着清朝九代皇帝的画像、行乐图，以及历代名人字画、古铜器、古瓷器等珍品。另外，藏文《大藏经》和溥仪结婚时所收的全部礼物，也都存放于此。建福宫各种奇异珍宝堆积如山，是当时宫中存放珍宝最多的地方。

这类珍贵的艺术品大都无账可查，有的虽有账目，但也从来没有清点，于是就为盗窃者开启了方便之门。

当时宫中管理相当混乱，可以说从上而下，大凡有机会的人几乎无一不偷。偷盗方式也各不相同，太监们主要是拨门撬锁秘密地偷，大臣和官员们则采用办理抵押、标卖或借出鉴赏、请求赐赏等形式，明目张胆地偷。至于溥仪自己，却同溥杰等以一赏一受的名目，“合理合法”地偷。宫里的珍宝到底丢失了多少根本无从统计。庄士敦师傅曾对溥仪讲，仅他居住的地安门附近，就新开了许多家古玩铺。听说有的是太监开的，有的是内务府官员或者他们的亲戚开的。

溥仪接受师傅们的建议，决定清点珍宝，以杜绝盗患。哪知这样一来，招惹了更大的祸患。先是毓庆宫库房的门锁被人砸掉、乾清宫的后窗让人打开，其后溥仪刚买的大钻石也不翼而飞。为了追查盗案，太妃们曾命敬事房会审当事的太监，可无论是刑讯还是悬重赏，最后都毫无收获。

建福宫区的清点工作刚刚开始，一场突发大火，清点的和未清点的物品统统被焚烧殆尽。

大火的损失无疑是灾难性的，被烧毁的各类宫殿建筑姑且不论，仅事后内务府公布的一笔糊涂账中，就说焚毁金佛两千六百六十五尊、字画一千一百五十七件、古玩四百三十五件、古书几万册。内务府在清理火场时，共捡拾熔化佛像、经版、铜、锡等项共五百零八袋，金色铜板、残伤玉器等共四十三项，其中较为完整的只有四十九件。后来，一个金店以五十万元买下了火场灰烬的处理权，从中捡出熔化的金片、金块多达一万七千多两。之后内务府又把剩下的灰烬装了许多麻袋，分给府内的当差者，又有人用从中提炼出的黄金，铸成了四座直径和高度均在一尺左右的“坛城”。

当年太监偷窃成风，又常与内务府官员互相勾结，盗卖宫中的各类珍宝。另据当时进宫救火的许多人回忆，他们刚到火场时都曾闻到一股强烈的煤油气味。因而，火灾很可能是由于太监监守自盗，惟恐清点时露出马脚，于是便故意纵火消灭证据。可是，这些也只是推测而已，后因“查无实据”，这场内外震惊的宫廷大火事件只能不了了之。然而，时隔不久，养心殿东套院无逸斋的窗户上又发生火警，幸好发现及时，火势并未蔓延。接着宫里又发生了一起太监对总管的行凶事件。一系列可疑事件，最终促使溥仪痛下决心；不久，他做出了遣散太监的决定。

七月十六日，溥仪让载沣找来载涛和内务府大臣绍英、耆龄，正式宣布“将宫内太监全部裁撤，立即出宫”的谕旨。其后，溥仪一面命载涛进宫与三位太妃说明原委，一面命绍英、耆龄调集全部护军，并请京畿卫戍总司令王怀庆派兵协助，将太监强行驱逐。当晚，绍英将全体太监召至乾清门内，正式宣读了溥仪的谕旨。太监们闻言，无不惊恐愤慨，号啕大哭。

此次被裁撤的太监总计八百八十一人，遣散费为首领太监每人二百元，其余每人二三十元不等，清室共为此发放五点零二万元。太监们出宫后，许多被暂时安置在地安门内大街雁翅楼内栖身。后来，这批太监除北京有家者外，有的住进了京城破旧的寺庙，有的回到原籍，有的则从此浪迹街头。

然而，太监制度从根本上并未被彻底废除。经过载沣等人的再三申明，溥仪勉强同意三位太妃、皇后婉容和淑妃文绣宫中留用一百七十五名太监。直到伪满洲国垮台时，溥仪使用的太监还有十人左右。

↑ 建福宫区大火后人们在清理火场

↓ 建福宫花园火场

建福宫区火场后景象

建福宫花园火场后景象

太监在中和殿廊下

↑ 太监在承光门前当差

↓ 太监在储秀宫前当差

↑ 太监在梵宗楼前当差

↓ 太监在交泰殿旁当差

太监在近光右门当差

太監縱火延春閣

↑ 太监在乾清宫廊前当差

← 太监在乾清宫门前当差

↓ 太监在乾清门当差

↑ 太监在体元殿

↓ 太监在天一门香炉旁

太监在锡庆门前干活

↑ 太监在养心殿前

↓ 太监在养心殿前当差

太监在养心殿中门旁当差

太监在养性斋前

↑ 太监在月华门旁当差

↓ 太监在遵义门当差

出宫后的老太监

掃地出門待須臾

国中之国的畸形格局无法持久。一场政变，冲击了北洋政府当局，也赶出了一个龟缩在紫禁城中的『皇帝』。

一九二四年九月，第二次直奉战争爆发，奉系军阀张作霖由东北入关，为阻止张的攻势，直系军阀吴佩孚则以“讨逆军”总司令身份由洛阳急返北京，双方展开大战。孰料直系派将领冯玉祥乘吴佩孚到山海关前线督战之机，突然发动震惊中外的“北京政变”，把吴佩孚的直系势力赶出北京，冯玉祥把自己率领的军队改称国民军，他自己被推为国民军总司令，并主持成立了中华民国临时执政府，由黄郛担任临时执政府代总理，摄行总统职务。

北京政变震动了紫禁城。原来驻守紫禁城外围的京畿卫戍部队被全部调离，国民军驻进了卫戍部队的营地，神武门也换上了国民军的岗哨。十月二十日刚辞世的端康太妃的灵柩还停放在慈宁宫，后事尚未操办，而王公和遗老们早已无心顾及。他们首先担心的是个人的人身和财产安全，溥仪也请庄士敦到使馆区安排避难场所。

临时执政府摄政内阁于一九二四年十一月四日的会议决定，修改《清室优待条件》，决定“清室应该按照原优待条件第三条规定即日移出宫禁”，同时决定，由京师卫戍司令鹿钟麟、京师警察总监张璧负责执行，并以教育文化界名流李煜瀛为国民代表会同办理。

一九二四年十一月五日上午，鹿钟麟、张璧在李煜瀛的会同下，带领国民军士兵和警察来到紫禁城后边的北上门（今景山和神武门中间，已拆除）和神武门，收缴了两门守军的枪械，随后留下少数军警把守神武门及内廷主要通道。鹿、张、李等又率领其余军警二十余人，经由西筒子（宫内西侧通道）到达隆宗门外的逊清皇室的“内务府”值房，同“内务府大臣”绍英等人面谈溥仪出宫事宜，并出示内阁会议决议及命令，限其三小时内迁出故宫。

吴锡祺在《记溥仪出宫》一文中记述，绍英起初还强作镇定，希望拖延转圜。他质问对方随行者李煜瀛：“你不是故相李鸿藻的公子吗？何忍如此？”随后又指斥鹿钟麟：“你不是故相鹿传霖的一家吗？为什么这样逼我们？”鹿态度强硬地回复：“你要知道，我们来此执行国务院的命令，是为了民国，同时也是为了清室，如果不是我们，那就休想这样从容了。”绍英无奈，只得拿着《修正清室优待条件》的公文前去禀告溥仪。修正后的优待条例如下：

今因大清皇帝欲贯彻五族共和之精神，不愿违反民国之各种制度仍存于今日，特将清室优待条件修正如左：

第一条，大清宣统帝即日起永远废除皇帝尊号，与中华民国国民在法律上享有同等一切之权利；

第二条，自本条件修正后，民国政府每年补助清皇室家用五十万元，并特支出二百万元开办北京贫民工厂，尽先收容旗籍贫民；

第三条，清室应按照原优待条件第三条，即日移出宫禁。以后得自由选择住居，但民国政府仍负保护责任；

第四条，清室之宗庙陵寝永远奉祀，由民国酌设卫兵妥为保护；

第五条，清室私产归清室完全享有，民国政府当为特别保护，一切公产应归民国政府所有。

正在储秀宫同婉容吃水果的溥仪认为三小时内出宫过于苛刻，于是借口不肯即日迁出。鹿钟麟见时辰已到，为防变故，佯装厉声通知随行军人："快去告诉外边，时间虽然到了，事情还可商量，先不要开炮放火，再延长二十分钟。"这一惊一乍立时产生了效应，溥仪获悉后，随即在《修正清室优待条件》上签字，交出了"皇帝之宝"和"宣统之宝"的印玺。当日下午，溥仪和妻、妾婉容、文绣以及随从大臣、太监、宫女等，经由御花园到顺贞门外，乘上国民军的汽车出神武门，驰往后海溥仪生父载沣家中。

溥仪后来回忆，下车时，鹿钟麟走上前来与他握手。

鹿问道："溥仪先生，你今后是还打算做皇帝，还是要当个平民？"

溥仪答复："我愿意从今天起就当个平民。"

"好！"鹿钟麟道，"那么我就保护你。"

"既是个公民，就有了选举权和被选举权，将来也可能被选做大总统呢！"张璧还略带诙谐地应和。

"我本来早就想不要那个优待条件，这回把它废止了，正合我的意思，所以我完全赞成你们的话。当皇帝并不自由，现在我可得到自由了。"半真半假，溥仪总算说了对方需要的话。

然而，敬懿、荣惠两太妃仍然拒不出宫，以死相逼。经商议后，鹿钟麟等决定两太妃暂留宫内，先待端康太妃丧事料理完毕。端康丧礼结束，两太妃也随之凄凉离开紫禁城，迁往东城荣寿公主府。

从景山北望京城

↑ 青年溥仪

↓ 逊帝溥仪立像

溥仪与载沣、溥杰、溥任在醇亲王府花园

溥仪与载沣、溥杰在醇亲王府花园

↑ 鹿钟麟像

↓ 溥仪出宫后，鹿钟麟由清室代表绍英陪同查看永寿宫

↑ 神武门前宫女出宫情景

↓ 宫中女仆出内右门

↑ 溥仪出宫后军警分组出发查封宫殿

↓ 溥仪出宫后，仆役们将瑜晋二贵妃箱笼运出神武门

↑ 紫禁城神武门

↓ 紫禁城神武门外北上门前仰望景山

烟水蒼茫不歸路

七载津门蛰居，溥仪复辟之心不死。
经过上下求索，最终，他竟然踏上了
一条万劫不复的歧途。

清室善后委员会清点清宫物品工作开始后，清室代表始终无一人到场参加清点，内务部龚总长曾几次发函督促，绍英等人仍然置若罔闻。

一九二五年一月六日，龚总长致函绍英等人，同时附上善后会发给清室五名委员的聘书，敦促参与点查。函中说：段“执政并盼诸公随时莅会，共同查点，以昭慎密”。绍英等人竟将聘书退回，声明“委员会一事，仍候执政筹有办法，再行遵办。此时未便莅会”。

龚总长复信称：段执政在应允善后会点查的同时，已另外拟定“五条查点补充办法”，于上月二十四日送交善后会执行，因此又一次送上聘书，要求绍英等五人“希即查收到会。诸公洞达事理，谅不致胶执成见，致负执政维护盛心也”。这次，绍英等人索性采取置之不理的态度，连复信也没有发，却以旧历年关临近，向善后会提出要求取走冬衣及日用品。善后会研究后，根据组织条例有关区分公私的条款，同意溥仪取走原来留在养心殿后殿，即溥仪住处的冬天衣物，但历史文物、书画等一件不许提走。结果，在一月二十一、二十二日两天内，经善后人员点查登记，由清室派来人员车辆取走大量珍贵皮衣，包括貂袍二百多件、青狐、玄狐、天马、海龙一类冬衣约三百件，以及大量首饰、单夹小衣等。

一月二十四日是旧历元旦，这天北京的报纸上竟登出消息，声言清逊帝从清宫取出宝贝若干，典当了十万元，这才渡过年关。而事实上，旧历元旦这一天，匿居日本使馆的溥仪正在一座二层楼上接受在京前清王公大臣及遗老们的“请安”和“朝贺”。他们分班向逊帝行三拜九叩之礼。

平日，匿居在日本使馆的溥仪也没有忘记昔日皇家的生活，还在门上贴着“军机处”“南书房”一类小牌。旧历正月十四日，二十岁生日时，他再次于使馆礼堂接受近支王公、旧臣遗老等的“朝贺”，来贺人数竟达五六百人之多。溥仪在席上公开指称“逼宫”事件为“野蛮举动”。

一九二五年二月二十三日，在日本使馆人员秘密安排下，溥仪离开北京，潜往天津日租界，住进了事先租定的张园。

据与日本人暗中策划此事的罗振玉在《雪堂日记》中透露，溥仪这次出走天津系由罗振玉及其子罗福葆、日本使馆的池田政次陪同，夜间在北京前门火车站上车。到天津后，日本驻天津总领事在车站迎接，将其迎进大和旅馆。第二天，池田政次返回北京。当晚由池田政次夫妇陪同，溥仪妻婉容及妾文绣乘火车也抵达天津。

罗振玉日记还记载，溥仪原有到天津后即去日本的计划，船票已经由池田政次买妥。但离京前和到津后遗老旧臣纷纷阻谏，溥仪这才放弃前往日本的计划，暂居宫岛街的张园。一九二九年七月九日，溥仪从张园迁入位于协昌里的静园。

在天津居住的六七年里，溥仪留下了不少照片。这期间的他无时无刻不在做着复辟之梦。他同各国驻军司令及总领事们频繁往来，经常抛头露面，诸如宴请、祝寿；他又广泛地和意大利、加拿大、英国等来天津的头面人物会见，甚至白俄逃亡将军谢米诺夫、奥国落魄贵族阿克第男爵、英国流氓文人罗斯等辈，他也愿意接洽，以致被骗走了大量财物。总之，溥仪成了天津上流社会交际场合的头面人物。

溥仪、婉容会见来宾的一系列照片就拍摄在这一时期。照片的背景许多是张园和静园的大门，众人站在门前的石阶上接受拍摄。张园原是晚清武昌第八镇统张彪的别墅，是张彪用作游艺场所之用。辛亥革命武昌起义时，张彪吓得丢下官印，带着金银财宝和家眷溜到天津，在日租界当了寓公。溥仪在张园的照片摄于一九二六年秋至一九二九年秋之间，即在溥仪迁入静园之前，也即郑孝胥被派往日本之前，在静园的照片摄于一九二九年秋至一九三一年冬之间。静园仍在日租界内，系陆宗舆的住所，原名乾园。溥仪特意将“乾园”改为“静园”，暗寓“静观变化，静待时机”之意。

这个时期溥仪和婉容身边，时常晃动着日本人的影子。此外，我们还能从照片上看到英国、德国等欧洲国家来宾和逊清遗老遗少的形象。

其中一幅溥仪和英王乔治五世第三子格洛斯特公爵在张园的合影颇为出色。其时虽然酷暑刚过，但张园房屋外面搭架的避暑天棚尚未撤去，张园大门前石阶上的盆栽花草生长茂盛。此时英国王子正值青春年华，血气方刚，精力旺盛；他高高的个头，右手握文明棍，左手拿礼帽，身着西服，梳理整齐的头发，可惜在照相的一刹那，王子的眼睛略微眨了一下，即便如此，他依然风度翩翩，派头十足，神采飞扬。该照片系玻璃底片，原大为十二英寸宽、十英寸高。在底片边缘上写有“张园”字样，此外尚有三处阿拉伯数字，分别为“73”“3”和“16/9/26”字样。后者显示的数字应为公元的西洋写法，即一九二六年九月十六日，也就是溥仪会见并和英国王子合影的日期。

溥仪出宫后的一年时间里，善后委员会顶着各种守旧势力完成了宫中各项物品的初步点查。一九二五年十月十日，故宫博物院正式成立。一九三一年十一月，这位逊帝在日本人的安排下离开天津前往东北营口，故宫博物院随即将他留在天津张园和静园的照片及其底版都收进紫禁城内保管珍藏。

从此，溥仪走向白山黑水苍茫处，踏上了一条不归之路……

天津车站恭迎溥仪的人群

溥仪等人与日本公使馆官员合影

天津张园内景

天津张园内景

婉容旗袍立像

溥仪与婉容夫妇

↑ 婉容与日本女子合影

↓ 婉容（中）与两位女宾合影

↑ 溥仪与婉容、溥杰等人在张园接待来宾

↓ 溥仪与家属合影

溥仪等人在张园合影

溥仪与弟、妹合影

溥仪西装全身照

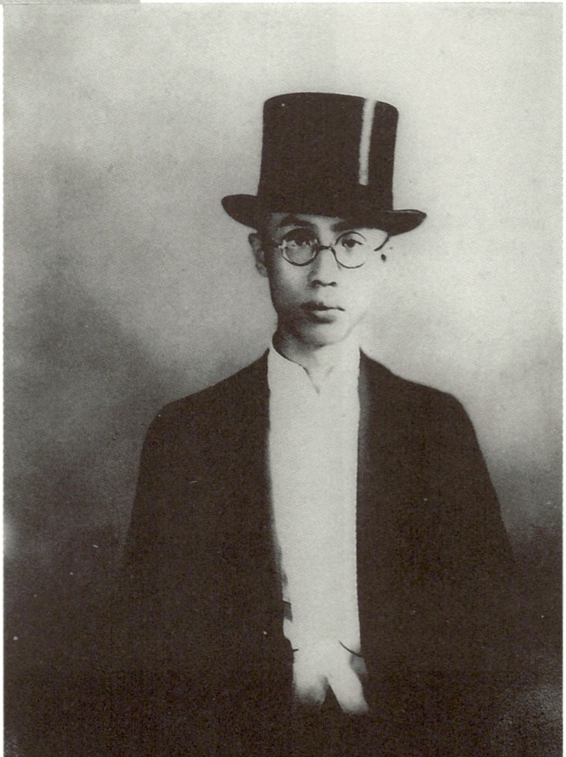

↑ 溥仪西装半身照

↓ 溥仪戴礼帽像

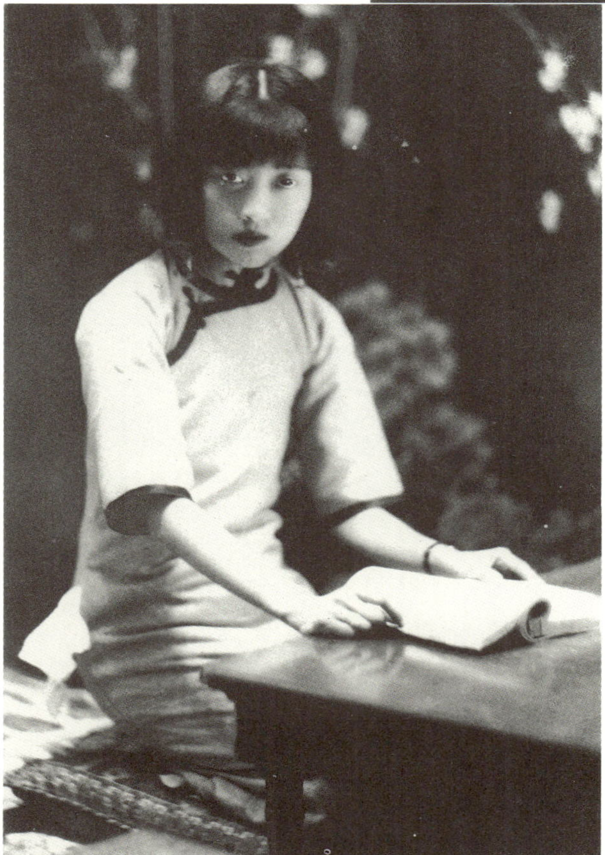

↑ 溥仪半身像

↓ 婉容摄于天津

案前阅读的婉容

文绣在天津

溥仪与郑孝胥在天津

溥仪在张园会见英国王子

↑ 溥仪在张园立像

↓ 溥仪在张园坐像

溥仪在张园踏雪

↑ 闲暇时的溥仪与溥杰嬉闹

↓ 闲暇时的溥仪

天津静园外花园

婉容与来访女宾合影

↑ 溥仪与弟、妹们合影

→ 溥仪在静园打高尔夫球

↓ 溥仪、韫和、韫颖与友人在高尔夫球场

↑ 溥仪与网球爱好者在静园

↓ 溥仪与外国军人合影

溥仪与日本军官交谈

溥仪等人在静园

↑ 溥仪与天津日本驻屯军司令高田丰树

↓ 溥仪在天津某国炮舰上

後記

由于时代的特殊机缘，高中毕业后的我有幸来到了故宫博物院。图书馆是我最初的工作岗位，那里收藏的大量晚清皇家旧照深深地吸引了我，从此，我开始了对这些尘封影像的潜心研究和解读。我时常向身边朱家溍、刘北汜、单士元等渊博的老先生学习，向溥杰、溥任、完颜爱兰等清皇室旧人请教；当年我们一道努力出版的几本故宫珍藏老照片集曾轰动一时，在全国掀起了一股老照片的热潮。

清末民初的摄影技艺在封建文化和西洋文化夹缝中生存发展，它们的形式和内容带有特定历史时期留下的痕迹，艺术水平也良莠不齐。跨越漫长的一个世纪，这批照片依然保存完好，成为宝贵的财富；它们是今天的我们探究摄影史、清史和民国史真实、生动、直观的不可替代的珍贵史料。

人生似梦，梦如人生；雪泥鸿爪，雁过留声。在故宫行走近四十年来，我发表了研究、考证和纪实性文章近百篇，出版图书十余种。《皇朝落日》得以面世，感谢故宫博物院和故宫人的包容与厚爱，故宫与故宫人给了我成长的独特环境、难得机遇和一片我所钟爱一生的研究领域；感谢赵萍女士、王一珂先生，他们尽职尽责，为本书的出版工作付出了辛劳；感谢书法家卢中南先生为本书亲笔题写书名；此外，我的助手王志伟先生也分担了一些协助工作。本书在撰写过程中参考了汪莱茵先生、左远波先生等专家、学者的相关文章，在此一并表示谢忱与敬意。

我今天能够有所成就，更得力于夫人李亚利女士。正是由于她的豁达贤惠、关爱有加，使本来有些浮躁的我能够一心扑在钟爱的事业上。戎装世家，孕育美德；相夫教子，传承不衰。在妻子温婉贤淑的关爱与辛勤培育下，我们的女儿也事业有成，实乃我此生之大幸。

这本《皇朝落日》将我大半生的考证研究成果融入其中，以飨读者，它是我数十年来工作的结晶和总结，更是我向同道的汇报。映照昔日皇朝，借图说话；近代世事沧桑，以史为鉴。希望本书能够给读者留下一段真实、鲜活、生动的清末民初往事与谈资，对历史研究者和摄影爱好者们有所助益。

林　京

二〇一三年六月于故宫南十三排北院

紫禁城乾清宫